图书在版编目(CIP)数据

中国历代利息问题考/熊正文著. —北京:北京大学出版社,2012.5
(北京大学经济学院(系)100周年纪念文库)
ISBN 978-7-301-20615-7

Ⅰ. ①中… Ⅱ. ①熊… Ⅲ. ①利息-研究-中国-古代 Ⅳ. ①F832.92

中国版本图书馆CIP数据核字(2012)第085490号

书　　名:中国历代利息问题考
著作责任者:熊正文　著　孙家红　校注
责 任 编 辑:赵学秀
标 准 书 号:ISBN 978-7-301-20615-7/F·3180
出 版 发 行:北京大学出版社
地　　址:北京市海淀区成府路205号　100871
网　　址:http://www.pup.cn
电　　话:邮购部62752015　发行部62750672　编辑部62752926
　　　　　出版部62754962
电 子 邮 箱:em@pup.cn
印　刷　者:北京鑫海金澳胶印有限公司
经　销　者:新华书店
　　　　　730毫米×1020毫米　16开本　13印张　175千字
　　　　　2012年5月第1版　2012年5月第1次印刷
定　　价:35.00元

北京大学经济学院(系)100 周年纪念文库

编　委　会

总　　序

作为中国最重要的经济学教育和科研基地，北京大学经济学院是我国综合大学中最早建立的经济系科，也是西方现代经济学和马克思主义经济学在中国最早的传播基地。北京大学经济学科的历史最早可追溯到1902年建立的京师大学堂商学科，1912年严复担任北京大学校长之后始建经济学门（系），1985年又在北京大学经济学系的基础上组建了北京大学经济学院，成为北京大学在改革开放之后建立的第一个学院。

1901年严复翻译亚当·斯密《国富论》（一名《原富》），标志着西方现代经济学在中国的正式引入，此后北京大学一直是中国传播西方现代经济学的重镇。中国最早的马克思主义传播者李大钊也是北京大学经济学系的教授；至1931年，北京大学经济学系陈启修教授首次翻译出版《资本论》第一卷第一册，在传播马克思主义经济学方面功不可没。因此，不论是西方现代经济学的引入还是马克思主义经济学的传播，北大经济系都是领时代潮流之先，在中国现代史中占据独特的地位。

拥有深远历史渊源和悠久学术传统的北京大学经济学院，在一个多世纪中涌现出马寅初、陈岱孙、赵迺抟、樊弘、陈振汉、胡代光、赵靖、厉以宁等在学界享有崇高声誉、学养深厚、影响深远的大师级人物，为我国经济科学发展作出了卓越贡献。

2012年是一个对中国经济学科发展有着特殊重要意义的年份，北京大学经济学科已走过了110周年历程，北京大学经济学门（系）也迎来100周年的隆重庆典。为了庆祝北京大学经济学院（系）创建100周年暨北京大学经济学科建立110周年，我院编写了这套“北京大学经济学院（系）100周年纪念文库”，旨在深入梳理北京大学乃至中国经济学科发展的历史脉络，展现北京大学经济学科的历史底蕴和历史成就，同时也希望从一个世纪的经济学科发展历程中反思我们的学术走向，为中国经济学科未来的发展提供一种更为广远和辽阔的历史视角。北京大学经济学院作为中国综合性大学中最早的经济学科，它所取得的历史成就以及所走过的道路，必然对整个中国的经济学科发展有着深远的借鉴意义。

1917年，著名教育家蔡元培出任北京大学校长，他“循思想自由原则，取兼容并包主义”，对北京大学进行了卓有成效的改革，促进了思想解放和学术繁荣，奠定了百年北大的精神基调。今天，我们庆祝北京大学经济学院（系）创建100周年，也要秉承兼容并包的创新精神，在继承北京大学经济学科优良传统的基础上，以积极的姿态吸纳世界前沿的经济学成果，为中国的经济腾飞和中华民族的伟大复兴作出我们经济学人应有的贡献。

孙祁祥

2012年1月15日

利息·历史·法律

——写在前面

一

在中国近现代教育史上，曾有一座声名显赫的学校，长久以来，被一些人有意无意地淡化它的存在，任凭它的历史在人们的记忆中如尘烟般消散。若干年前，出于某种特殊需要，也曾将之作为帝国主义文化侵略的一个典型代表，深挖其所包藏的"险恶用心"，或者批判它的"原罪"。但在经历几十年岁月的风霜洗礼后，却日益显示其独特的存在价值。凡是对其有所接触或了解的人们，每每惊叹于这个学校作为一所私立教会学校，在大力引进和传播西方科学文化的同时，对于传统中国建筑风格、园林艺术的热爱和保守，科学而高水平的组织管理，品类丰富而井然有序的馆藏图书，以及从这里走出的一批批出类拔萃的毕业生；甚或其他方面，我们总可以从中找到些许对于当代中国高等教育可资借鉴的内容。——它就是我们既无比熟悉又相当陌生的燕京大学。

2008 年 9 月的一天晚上，我到北大图书馆学位论文阅览室翻阅民国时期燕京大学历年毕业生的学位论文。实际上，这已是我不知第多少次来翻阅这批资料了。每当翻阅这批资料时，总会有复杂的感想涌上心头：一则觉得北大图书馆将这批资料提供开架阅览，真是方便读者之举，功莫大焉。每当看见一些名字很熟悉的前辈学者的学位论文,乃至一些文史大家工工整整的亲笔批改意见,煞是兴奋,真如“当面对坐,啜茗清谈”般的享受。二则发现这批燕大的学位论文排架甚为混乱,显然很少有人来管理,大有放任之势。图书馆为何如此不珍视这批资料,真令人有些不解,当然,从中我们也可以看出学校某些部门对于燕大历史遗产的态度。①

不管怎样,拜当时图书馆“疏于管理”所赐,在这次自由而漫无目的的翻阅过程中,我赫然发现了熊正文先生1934年的硕士学位论文《中国历代利息问题考》。熊正文(1910—2006),山东济宁人,原国民政府山东省省长熊炳琦之子。1928年毕业于北平私立中国学院经济系。随后,又进入北京大学、燕京大学两校经济系,攻读硕士学位。在北大期间,师从赵迺抟、周炳琳两位教授,原以“经典学派经济学说与马克思学说之比较”为题,后改研究中国历代利息问题,用功甚勤。1934年,撰著《中国历代利息问题考》,并以之获得燕京大学经济学硕士学位。1946年8月,受聘为北京大学经济系讲师,兼任北大校长室秘书、法学院院长秘书。1949年后,在北大经济系主讲中国近代经济史、经济学概论等课程,并与陈振汉等主持整理《清实录》中经济史料,蔚为巨制,享誉学林。②

从熊正文先生的经历来看,他兼有北大和燕大两校的经济学教育背景。在此,有必要就燕大经济系和北大经济系的历史渊源稍作交代。众所周知,1952年全国高校调整之际,燕京大学被撤,相应院系并入北京大

① 后来图书馆不知听了谁的意见,对这批燕大学位论文实施了高级别的“保护性管理”,一方面将这批资料升格为“特藏图书”,基本不再提供原本借阅;另一方面,将它们全部扫描,提供网上阅览。这样一来,似乎对于原本的保护来说,尽了最大的努力。但在扫描过程中,偶有漏扫的情况,暂且不说。结果是,图书馆的这一举动,极大地“不便利”了读者——因为,这批资料上网后,只能进行阅览,或者抄录,根本无法复制或者打印。图书馆将这批资料的使用方式狭隘地限定为“阅读和浏览”,终于又回到了“前数码时代”。所谓“保护性管理”,不过如此!

② 此处参考了张友仁和王梦奎两位先生的介绍文章(张友仁:《回忆熊正文教授》,《北京大学教学促进通讯》第十七期,2011年9月;王梦奎:《熊正文赠诗》,《文汇读书周报》,2011年8月12日),以及张友仁先生的亲口讲述,并结合了本人的研究所得(孙家红:《通往经世济民之路——北京大学经济学科发展史(1898—1949)》,北京大学出版社2012年版,第108页)。

学，或曰北京大学将燕京大学大举“吞并”——不仅“吞并”，还将原在沙滩的北京大学迁住燕园，彻底对燕大实施了“合法”的占领。燕京大学经济系成立于20世纪20年代末，英国人戴乐仁[①]是其主要创办人，也就是在上述“吞并”和“占领”过程中，原燕大经济系正式并入北大经济系，再加上新合并进来的清华大学经济系，重组成一整体。然而早在民国时期，自燕大经济系成立以来，就与北大经济系一直存在密切联系。即如1934年熊正文毕业之际，燕大经济系的主任侯树彤教授，以及此后的陈志让教授，都先后兼为北大经济系的重要师资。在20世纪50年代高校调整前后，具有燕大教育背景，后来又执教于北大经济系者，更有崔书香、赵靖、陆卓明、洪君彦等经济学名家数人。由此可见，两校之渊源不可谓不深，燕大经济系事实上已成为北大经济学科发展史的部分来源。对于北大经济学科发展史有兴趣的研究者，自亦不能忽略此点。

言归正传。熊正文先生的这篇硕士学位论文，全部用工整的小楷抄写而成，其卷帙之厚，在所有排架的燕大学位论文里面，绝对是屈指可数的前几名。若以字数论，全篇十余万字，以一篇硕士学位论文能有如此规模，不论在当时，即使在现今，也都算难得了。在该文中，熊先生综合利用正史、政书、杂史诸子之书等大量原始史料，对于上起先秦（周代）、下至清代这一漫长历史时期的中国古代利息问题进行了详细全面的考察。全文除“绪论”和“结论”外，大致按照时间顺序，以重要的历史朝代（时期）为分界，在每一时期段落中，大致都考察了五个主要方面：利息的种类及收付、利息率的高低、利息率之所以高低的原因及影响、高利贷者之情势、关于利息之思想及法制。行文之中，熊先生对于这五个方面的考证分析，旁征博引，论述精到，宏纤毕具，颇能显出一位优秀经济史家的研究功力。

---

① 戴乐仁（John Bernard Tayler，1878—1951），出生于英国利物浦，1906年来华传教，后受聘于燕京大学，作为燕大经济系的主要创办人，为西方经济学在中国的传播做出较大贡献。其本人著有《中国农村经济调查》等学术作品，在相关领域颇具影响。抗战之初，与路易·爱黎、陈翰笙、宋庆龄等发起成立中国工合运动（“中国工业合作协会”前身），居功甚伟而名不彰。其女戴乃迭（Gladys B. Tayler，1919—1999）与婿杨宪益（1915—2009）一生经历坎坷，均是享誉世界的翻译大家。

通过这五个方面的考察,熊先生不仅为我们清晰勾勒了中国历代利息演变的历史轨迹,更从中发现了中国古代利息演变的一些普遍性规律,在学术上有很多创见。经过查询若干公立图书馆馆藏目录,我们发现,熊先生的这篇硕士学位论文,确是第一本关于中国历代利息问题研究的学术专著,而且也是现今为止唯一一本系统性研究专著,因而该书理应在中国经济史的研究中占有重要的学术地位。遗憾的是,该论文此前一直没有出版,深藏在北大图书馆中,尘封日久,世人罕能得见。这也是我们选择将此书整理出版的一个根本性原因。

自 2008 年秋我在北大图书馆将之发现后,作为博士后合作导师之一的王曙光教授,对于此书一直保持密切关注,多次叮嘱应该将之早日整理出版。今年适逢北大经济学科百年之庆,终于正式付梓,公诸学界,一方面算是表达对于熊正文先生的纪念和追思,另一方面,希望该书出版后,能够为现代中国的经济史研究提供一个研究的典范,引起学界对于经济史研究的重视,吸引更多的学者从事一些"实学"研究,而不是去做随风摇摆的墙头草,去赶时髦,失掉学者或者做人的本分。

二

在发现该论文后,以及在编校过程中,我时常会有一些疑问:中国古代取得利息的合法性何在?利息率是如何制定的?其技术或法律依据何在?为什么中国古代的官定利率普遍会比今日中国的利率高出很多?这种利率由高到低的转变背后,其社会机理何在?诸如此类的问题,长期萦绕心头,自己做过一些思索,还曾专门请教过一些金融专业的教授,受到不少有益的启发[①],但不幸的是,一直没有获得一个系统权威的解释。下面,谨将个人一些思虑所及,聊作梳理,谈不上研究,权当向大家的讨教之

① 这里要特别感谢北大光华管理学院的王明进教授,在 2011 年年底的一次谈话中,他曾就此问题给我专门解答,最具启发。

资吧。

自古及今，利息一直是与民众生活密切相关的一个重要问题。在现代西方经济学的代表人物之一、凯恩斯的经典名著《就业、利息和货币通论》中，关于利息的内容就占有不小的比重。随着世界上众多国家广泛接受凯恩斯的教导，经常甚或频繁地使用货币政策和财政政策，作为调控市场经济的有效工具，利息——更准确地说是利率——的调整，对一国乃至世界经济所发挥的深刻影响，越来越被人们深切感受到。但是，不容否认，凯恩斯以及后来诸多现代经济学家关于利息的理论或者观点，往往是以现代经济为背景和基础的，并非是以传统的古代社会为主要考察对象。

无独有偶，若干年前，美国有两位经济学家悉尼·霍默和理查德·西勒合作，完成了一部被誉为“没有对手的金融权威著述”——《利率史》。在该书中，两位作者以欧洲和北美为中心，旁及中亚、东亚、南亚和其他地区，上自遥远的史前时代，下迄20世纪90年代，涉及空前众多国家和地区，几乎覆盖了全球绝大多数种族和人口，对利率问题进行了空前全面的考察。[①] 可惜的是，其中对于中国古代乃至近现代的利率问题，语焉不详，篇幅甚短。如果熊正文先生的这本专著早日出版，或许可以被利用到。中国古代的利息演变史，理应成为世界利率史的有机组成部分。

当我们将熊正文先生的这部著作与《利率史》一书进行比较阅读，便会发现，中国古代利息的种类多样性、变化的复杂性，丝毫不亚于同一时期的其他国家或地区。但是，中国历史上，关于利息的思想、理论，以及制定利率的技术标准等问题的学术追问，却又往往显得不足。特别自近代以来，随着西学东渐的深入，现代中国经济学科在吸收和模仿西方近现代经济学的过程中逐步成形，一直无法摆脱“向西方学习”的境况，更多的是拿来主义、移植主义，很难说有多少自己的创造和发明，多半是在亦步亦趋，拾西方经济学界的牙慧而已。在这样一个宏观学术背景下，熊正文

① 〔美〕悉尼·霍默、理查德·西勒：《利率史》，肖新明等译，中信出版社2010年版。

先生的这部著作,不仅给我们详细梳理了中国历代利息的类别、水平及变迁情况,更以开阔的视野,考察了不同时期利息对于社会经济的诸般影响,乃至中国历代关于利息的思想理论和法制规范,不言而喻,这对我们了解和认知本国经济历史的演变,具有相当积极的意义。

根据目前中国银行公布的人民币贷款利率表:(1) 短期贷款主要有两档利率,6.1%(六个月)和6.56%(六个月至一年);(2) 中长期贷款有三档利率,6.65%(一至三年)、6.9%(三年至五年)和7.05%(五年以上)。同时根据2002年第6期《中国人民银行关于取缔地下钱庄及打击高利贷行为的通知》中关于"高利贷"的规定:民间个人借贷利率由借贷双方协商确定,但双方协商的利率不得超过中国人民银行公布的金融机构同期、同档次贷款利率(不含浮动)的4倍。超过上述标准的,应界定为高利借贷行为。若以4倍折算,暂不考虑短期和中长期贷款的区别,民间借贷各档利率的最低和最高限分别为24.4%(六个月)和28.2%(五年以上)。然而,在中国古代最后一个王朝的成文法典《大清律例》中明确规定:"凡私放钱债及典当财物,每月取利,并不得过三分。年月虽多,不过一本一利。"所谓月利三分,即30%;一本一利,即100%。同样,我们暂不考虑短期和中长期贷款的分别,合之可知,当时成文法律规定的利息的上限大致为30%(月息)和100%(最高限额)。即此我们可以明显发现,中国古代关于利息的限额标准规定,以及立法逻辑,与当下存在很大不同——最为直观的感觉,可能就是,古代的利息限额远远高于今日利率水平。[①] 我们不禁要问:为什么会出现这样的情况?今日的官定利率何以会低于古代的利率水平?

通过熊正文先生的研究,我们发现,中国古代的私贷利率基本皆以一本一利(100%)为上限,官贷利率则保持在二分(20%)左右。但自清代中后期以来,尤其自鸦片战争后,中国的官贷利率和私贷利率皆发生明显

① 当然,由于古今法理之不同,以及利率种类、水平的多样化,这种简单比较是很有局限的,只能说是一种"直观的感觉"而已。

的下降，私贷利率下降为 36%（1899 年），官贷利率则下降为 3%（1897 年）。[1] 而在熊先生对历代“利息之所以高低之原因及影响”的分析论述中，唯独在清代特加一小节目——低息之原因，可见，熊先生已经注意到清代利率水平较前代有明显变化。对于这种低息或利率变化，熊先生又总结出四点原因：(1) 金融制度之发达；(2) 政府资本之积累；(3) 担保信用之可靠；(4) 外国资本之输入。这四点原因，皆属言之有据，其中第一点和第四点原因的分析，尤值得重视。他在第一点原因中特别指出，清代中国金融制度中曾发生“空前之大变化”——即“票号”之创设。熊先生论曰：“由此票号之制度，乃促进全国各都市之金融流通，可以随而充实资金之枯竭，而解决各城市之‘金偏在’问题。各都市之资金，既可适应其需要，而加以调节供给，于是各地需求资金之程度不致太高。同时，汇兑制度可以促进资金周流之速度，不啻增加资金之供给，亦可因以减少一般资金之需要。凡此二种作用，皆足减低金利。嗣后各都市之银行钱庄开设，金融制度益臻完密，而利率益平。清代金融制度之发达，实都市利率之减低，最大原因。”[2]由于票号等金融组织专办汇兑等业务，促进金融流通之同时，也日益促进信用体系之发达，因而，第一点原因实可将第三点原因包括在内。然而，第四点原因所造成的影响则较为复杂，若从积极的一面来说，外国资本之输入，对于中国资本市场的融通，以及与国际市场接轨，有一定的建设和促进作用；若从消极的一面来说，外国资本的输入（以及国内资本的流失），又未尝不是加速中国传统金融汇兑体系瓦解的一个重要原因。但是，不管怎样，由于诸种原因，导致了清代中后期以来中国利率水平的整体下降，却是一个不争的事实。这种利率水平的下降，是在社会转型的大背景下完成的，实际上，也预示着中国社会从传统向近现代的转变。何以言之？

马克思和恩格斯曾在 1848 年的《共产党宣言》中说，“资产阶级在它

---

① 相关数据参照本书结论部分。

② 参见本书第八章第三节。

的不到一百年的阶级统治中所创造的生产力,比过去一切世代创造的全部生产力还要多,还要大。自然力的征服,机器的采用,化学在工业和农业中的应用,轮船的行驶,铁路的通行,电报的使用,整个大陆的开垦,河川的通航,仿佛用法术从地下呼唤出来的大量人口,——过去哪一个世纪料想到在社会劳动里蕴藏有这样的生产力呢?"[①]何以资产阶级会创造这么大的生产力?我们根据马、恩所描述的表象,可以归结到一点:是由于各类经济要素的利用和循环加速,为这一百年资产阶级创造力的激发,提供了无比巨大的动力。而在各类经济要素的利用和循环加速之下,不仅成就了两次大规模的工业革命,整个社会经济结构也在发生根本性变化:传统意义上的农业和畜牧业在国民生产总值中的比重日益下降,更多地是保持其基础性地位——而且越来越局限于基础性地位,工业的比重则日渐增大,先进发达国家无一例外都是工业化的国家。进而,在这样一个工业化日益提高的背景下,我们结合阅读《利率史》一书可知,大多数国家的整体利率水平却在不断下降。这种情况,在二战之后,随着金融体系的成熟、发达、膨胀,则更为显著,不必赘言。由彼及此,我们自然会问:中国近代以来是否也存在这样一个过程?我以为,大致应该是存在的,但又不完全一样。

众所周知,中国自古以农立国,农业在整个国民经济中占有绝大比重,工业和商业皆次之。尽管中国传统社会长期处于"天下一统"的局面,加之很早就具有比较成熟的官僚治理模式和国家政治经济体制,但是,正因为这种体制或者模式较早达致了成熟和定型,并且罕有根本上的制度变革——也可以维持不坠,却使这种体制或模式对于各种经济要素的循环流动、工业生产的发达进步,形成莫大的窒碍,乃至最终束缚了社会经济的前进变革。但是,这种相对闭关自守的局面,这种以农立国的经济格局,一方面,随着明清两代(尤其后者)内在金融体系的发展进步,必

① 《共产党宣言》,人民出版社 1997 年版,第一章,第 32 页。

然会缓慢地发生潜移默化的变动;另一方面,因为鸦片战争后,工业化的列强给予老大帝国空前的经济政治压力,迫使中国不得不改弦更张,在工业化的道路上奋起直追,以实现自强求富的理想目标。这后一方面情况,对于大多数中国人来说,并不陌生。自清末大兴洋务运动,迄于今天,一百多年时间里,企图实现工业救国(或洋务救国、实业救国)的有识之士,以及这方面的事迹,不胜枚举。而在这种主观努力或者企图之外,更主要的,是中国社会经济结构不断地在发生变化:工业化的水平虽然不是很高,程度也不够彻底,但工业在整个国民经济中的比重日益增强;在传统金融组织、金融体系——如果存在的话——的不断瓦解中,现代中国的金融体系逐步建立,尽管这其中存在很多一时还难以根除的弊病。依照欧洲和北美的经济发展史迹,因为工业化的程度不断提高,金融组织、金融体系的不断建立,乃至各类经济要素的循环和利用加速,利率水平不断下降似乎是一个随之而来的必然现象。但是,我们还必须看到,中国自鸦片战争以来,经过长期的半殖民半封建的社会阶段,经济体系的原生性、独创性是远远不够的,尤其在被裹挟进世界经济市场的大熔炉后,经济主权的完全独立自主已然不再可能(其实,其他国家也一样),因而中国的这种工业化转变,乃至利率水平的变化,同时含有国际化或全球化的背景,不容忽视。

一位经济学教授曾经指出,古代的官定利率,主要是一种保障公平交易的工具;现代的官定利率,则主要是一种调整经济的工具,或曰杠杆。[①]诚哉斯言!从工具主义或功能主义的角度进行解读,中国古代成文法律中对于利率上限的规定,毋庸讳言,主要在于限制高利贷等不当或者非法得利的行为发生;而在现代社会,稍具经济学常识的人们即知道,按照凯恩斯主义的教条,利率属于货币政策的一个组成部分,货币政策与财政政策一道,皆是一国调整宏观经济的有效工具。然而,从逻辑上,只有存在

① 这是王明进教授的说法(大意),不敢掠人之美,谨记于此。

官定利率的前提下，我们才会获得判断何者为高利贷、何者非高利贷的法律依据。因此，我们自又不能否认，今日的官定利率实也包含限定高利贷行为的意味，与古代的官定利率有异曲同工之妙。我们在此得到的结论是：在古今利率由重到轻的表象之下，确又有些利率的功能和性质是亘古不变的。我想，这也许就是我们在玩味古今利息变化的引人入胜之处吧！

三

熊正文先生对于历代利息问题的论述，是从"利息的种类及其收付"开始的，进而又详细分析考证了各类利息的水平。在他的分析框架下，我们看到中国古代的利息，由于借贷主体和客体（私贷或者官贷）、借贷的对象（贷谷或者贷款）、借贷的用途（生活消费或者生产经营）等方面的不同，实际上存在品类繁多的利息形式，因而也就产生了千差万别的实际利率。①

与之相对，自成文法律相对保存完整的唐宋以降，在当时最为核心的国家成文法典中，往往仅有一条关于"违禁取利"的规定。即如前引《大清律例》中的法文："凡私放钱债及典当财物，每月取利，并不得过三分。年月虽多，不过一本一利。违者笞四十，以余利计赃。重者，坐赃论罪，止杖一百。"②但是，我们也没有必要据此认为中国古代的成文法律是无比粗糙而不济实用的。原因主要在于：其一，上述法文对于利息的限额规定，与今日之央行利率绝不可同日而语。前者规定中，每月三分（30%）的利率不为不高，但却以"一本一利"（100%）做了另一重的限制。现今的银行利率规定，虽较其更为详细明晰，却不认可"一本一利"的限额。可见，两种法律规定背后的立法逻辑是不同的。其二，中国古代的法律形式是多样的，诸如《大清律例》这样的法典固然是当时国家成文法律的核

① 可以参见本书第一至第八章中每章的一、二节。

② 《大清律例》卷十四，户律钱债，违禁取利，乾隆五年本。

心，但是，它并不是专门的经济法典，也没有专门关于利息问题的规定分类。事实上，一方面，从熊正文先生的分析研究来看，当时关于利息的法律规定，并没有采取特别立法的形式，而是将之分散在众多成文法律当中。在律、例、令、制，乃至诏书等诸多法律形式中，或多或少都有可能包括关于利息的规定内容。另一方面，中国古代除存在一些关于经济管理和交易规范的成文法律外，对于现实中的经济活动、商品交易，往往是采取自由自治的态度，除非发生纠纷，一般不会去主动干涉。而在大量的经济活动过程中，又很自然地逐渐衍生出不少的交易习惯，供普通民众遵守。从正常情形看，一方面，民间的经济交易习惯，往往不会去触碰国家法律的底线，否则即遭否定或者制裁；另一方面，民间交易习惯有时还会细化成文法律，或者补充其不足，因为更为灵活、具体，也更有利于民众操作实行。

在国家成文法律之外，若存在大量的交易习惯[①]，某些习惯与国家成文法律发生冲突，似乎又在所难免。借贷之类的交易行为，其所造成的最惹眼的法律或者社会问题，则非高利贷莫属。高利贷，顾名思义，就是高于正常或者法定利率水平的借贷行为。由于高利贷行为的不公平、不正义性，以及对于正常金融秩序的破坏性，自古及今，历朝历代，各国政府，无不对于高利贷行为采取严厉打击的态度。作为普通民众，对于高利贷，往往也会深恶而痛绝之。但是，关于高利贷的认识，谨此略有三点应予指出：

第一，从历史和现实来看，高利贷是一个相对的概念。这一点很好理解。所谓高利，往往是相对正常利率或者低利率而言的。如果没有正常借贷利率或者官定利率限额，则就不会有高利贷的存在。我们前已发现，中国古代的正常利率或官定利率水平，远远高于当下的官定利率水平，则相对而言，今日之官定利率不可不谓低利，而古代之官定利率又必然属于

① 不应该将之称作习惯法。

“高利贷”了。但是,毫无疑义,尽管古代官定利率在我们今人看来是“高利贷”,在于当时,却又是无比正常的官定利率,绝不可谓之“高利贷”。因此,所谓“高利”只能是一个相对的概念。

第二,高利贷行为的发生往往不可能是普遍的。在我们今天的印象中,或者谈及古代社会的时候,往往就会想到高利贷,想到高利贷的祸害。但是,在上一层“相对论”的解释基础上,我们必须清楚,在中国古代,也是有着高利贷、低利贷和正常利率之分别的。当时法律规定了民间借贷的一般限额(月利三分,兼“一本一利”),在此限额之内,即为官方认可或允许的正常借贷;过此限额,即为高利贷,应受法律之制裁。但为什么说高利贷行为不可能是普遍的呢?关键在于,高利贷行为的发生,往往需要具备一定的特殊条件——急切的借贷需求,或者属于高风险、高回报的投资。这一点完全可以从熊正文先生的研究中看出来:历朝历代所发生的高利贷行为,尽皆符合上述两项特殊条件或者其中之一。即如清代四川自贡井盐区的借贷利率极高,但因为有高利润回报的吸引,当时借用高利贷者往往不乏其人。此外,因为战乱等原因,造成社会局势动荡,或者因为某一王朝末期政治经济极度紊乱,高利贷的发生也会普遍增加。但是,正如我们不能说中国历史长期处于战乱,或者高风险、高回报的投资永远普遍地存在,同样,我们也就不能说,中国历史上长期存在较为普遍的高利贷。

第三,高利贷行为的产生根源仍在于供求关系的紧张。正如很多学者所言,供求关系是解开诸多经济现象的一把金钥匙,对于高利贷行为的产生根源,也应该从资金的供求关系上来分析。可想而知,在正常的现代社会里面,或者在一个社会处于平稳发展的时期,由被借贷者向借贷者强行施加的高利借贷行为是不可能经常发生的。相反,高利贷的发生多半都源于借贷者对于资金或者被借贷物的强烈需求,或者不借贷则难以维持生计(生活消费型借贷),或者不借贷则无法进行投资发展(生产经营型借贷)。若没有极为强烈的需求,则大可以选择其他方式,寻求正常的或者低息的借贷,甚至暂缓借贷。所以,要想消除或者缓解高利贷的问题,根本上,还要从解决资金或者被借贷物的供求关系上入手。

在一个相对成熟的市场经济条件下,若想解决高利贷的问题,其实也并不简单。一方面,市场经济必须以自由市场为前提,各种经济体应该尽可能地处于平等的地位,以私法自治为原则,自由而公平地进行经济交易。包括政府在内,也不宜过度介入市场,身兼裁判员和球员双重角色。另一方面,市场经济本质上也是法治经济,必然要借助法律的手段,对市场中所发生的各类经济行为进行法律规范,实施引导和管理,做好服务,以及在必要的情况下,对那些违规或者违法的经济行为进行有效的制裁。这其中,毫无疑问,就包括金融市场的监管和服务,以及打击高利贷等违法犯罪行为。若从解决供求关系上入手,则必须要有一个合适的金融市场监管者(往往由政府或中央银行扮演),兼为服务者,既能做到调剂各种金融资源,保障市场资金的充分供给,又能建立完善的金融监督、风险预警、纠补机制,培育良好的金融环境、金融秩序——这既是金融市场监管者的职权所在,更是其职责所在。

由此我们不禁联想到近年吵得沸沸扬扬的吴英案。① 在法律界和社会舆论的千呼万唤之下,4 月 20 日最高院暂未核准吴英死刑,而是将案件发回浙江省高院重审。这个案件的未来发展以及最终结果,尚有待观察,未必如某些人所说,可以那么顺利地“刀下留人”。然而,关于这个案件,在数次自相矛盾的官方说法以及众说纷纭的民间讨论中,我们经常听到的几个词有:集资诈骗、非法集资和高利贷。其中,“集资诈骗”作为一种法定罪名,载于《刑法》第一百九十二条,有着详细的规定内容;“非法集资”和“高利贷”则更牵涉经济方面的行为——融资和借贷,这也是定罪量刑的一个事实依据。关于吴英案如何在法律上定性,目前仍存在争议,暂搁不论。我们从旁观者的角度来看,首先,有些情况是肯定发生过

① 相关新闻背景可参见 http://baike.baidu.com/view/606422.htm。

的——即吴英的集资和高利借贷行为。进而,我们想问:吴英何以会进行集资,以及她为什么要去借高利贷?权且不论其集资合法还是非法,乃至其是否带有主观诈骗的故意,她有这种资金上的需求,则又是可以肯定的。既然吴英存在资金上的需求,为什么不通过合法的渠道进行集资?为什么她不去作正常的贷款?很简单,正常的合法的融资渠道是无法满足她的需求的。当然,不可否认,吴英往日的"非法集资"和借高利贷行为,存在很大的风险,也有悖于国家法律法规,理应由她自己承担部分责任。但是,我们在此不禁要问:当政府中的一些人——包括公检法在内,尤其那些金融市场的监管者、服务者——举起屠刀,试图从肉体上消灭一个犯了大错的女子的时候,是否有人也会反思或者忏悔,想到自己对于这样的案件发生,也理应承担部分的责任呢?

四

以上拉拉杂杂,写了不少由熊正文先生这部著作引发的感想,至此不得不暂时收笔,对于本书的编校整理工作补充交代。

本书的主体是熊正文先生 1934 年在燕京大学的硕士毕业论文。根据该文形制推测,大致是熊正文先生拟完草稿后,再倩抄手誊写在论文稿纸上的。在誊写过程中,难免会出现错讹之处。再者,由于该文带有明显的民国文风,文法句法与今日有所不同,本次编校过程中,除明显而可以确定为错误者进行校改外,尽可能地保持原文,以显示当年学术之风貌。所用校改符号,若衍字或者误写,一般先以( )标示出来,再将改正内容置于〔 〕之中。若有讹脱之处,则补充之,用〔 〕表示。其余校注意见或者必要之按语,皆选择适当之处,用脚注形式予以标注。各类校注意见未必全对,还望各界读者不吝赐教。

在《中国历代利息问题考》之后,我们又附录了熊先生的另外一篇专文《纸在宋代的特殊用途》。该文发表于民国时期著名的社会经济史刊物《食货半月刊》五卷十二期（1937年6月16日）上，并且受到该刊主编、著名经济史家陶希圣教授的垂青，特加编者按语一条，云：“熊正文先生是北大研究生，专攻中国利息史。这篇文章是在搜集材料的时候，随手录下的几条，整理而成的。”由此可见，该文与《中国历代利息问题考》一文有着极为密切的关系，属于硕士学位论文的副产品。如今，在该文发表七十余年之后，我们将二者合编在一起，也是一种难得的机缘吧！

孙家红

壬辰孟夏草于京西寄庐

目　　录

绪　论

1. 作中国历代利息问题考之必要

中国历代利息问题考之研究，为中国经济史研究中之一部分。关于经济史研究以及中国经济史研究之必要，已经前人论定，勿庸赘述；兹请仅就中国利息历史的研究之必要，略进数言。

盖中国经济史，所包甚广，断难以一己之力，数载之时，兼治统理。梁任公谓："做文物专史，不可贪多，想以一人包办，是绝对不成的。只能以一人专做一门，乃至二三门为止，而且都要有关系因缘，才可以兼做。""若能以终身力量，做出一种文物专史来，于史学界便有不朽的价值。"今欲研究经济史，亦不能不如梁氏所言，"由局部到全部"①。

然经济史研究，分部甚多，何以必研究利息问题史？盖今日全部经济问题中，分配问题甚为重要。同时，在金融经济发展之今日，所谓"大商业"及各种产业，莫不赖信用制度维系之。更详言之，今日之大企业，其营业之资本，与其维持之资金，多赖金融市场之供给，以利息之条件借入。故利息问题之于今日，又为分配问题中之主要者。此所以欲研究中国经济史，必有中国历代利息问题考之作。

---

① 梁启超：《中国历史研究法》补编，分论三，第五章，商务印书馆，1934 年。

2. 研究对象之确定

所谓利息者(interest),含义甚多,不能不略为解注,以清眉目。何谓利息?按广义之解释,如卡屋尔(T. N. Carver)所言:“资本主因资本而获得之所得(或收入),姑不论其资本为贷出于人,或自己用以生产也。”换言之,即:“利息可分三种:一,即贷出资金之所得(普通多为货币债);二,即因赁出建筑物,机器等,特种资本之所得;三,即自己应用资本生产之所得。凡此皆利息也。”①此其意并租(rent)与利润(profit)亦包裹于利息之内,范围嫌其太广。兹之研究,其目的在将上述之第一种狭义的利息,为历史的探究。英国名经济学者马萨尔(Alfred Marshall)曾言:“利息者乃借款人因举债支付之款项。如此支付之款项恒以一年计算,且对原借款一定之比例。”②今为斯文,即根据马萨尔之定义,确定研究目的,在研究资金贷出,至相当期间,贷债者由借债者之手,收入对资金额成一定比率之所得。

a. 研究对象之纵的展开

近世经济学家,如亚当·斯密言:“利息者,系借人资本经营者,对资本主,由其所得利润中;分给一部分——乃借者尽力所能出之部分——以为使用资本之代价者也。”③此之利息,由数种条件构成:① 系利润之一部分,故受者为企业家,② 贷者为资本主,③ 系利润之一部分,故受物价之影响而高低;实为资本主义社会之典型利息,而现代经济学者,所当分析解释者。至于吾人研究经济史,不能限于此,以利息之发生发展以至于今日之全过程为对象。利息固自借贷所生,但借贷非自始即发生于企业家

---

① T. N. Carver, *The Distrabution of Health*, Chap. Ⅵ,1918, pp. 123—214.

② A. Marshall, *The Principles of Economics*, 8th Ed, p. 73.

③ L. Heney, *History of Economic Thought*, 1926, p. 210.

与资本家之间者，利息亦非自始即为利润之一部分而受物价之决定。简言之，利息非自始即为资本主义社会之利息。今既研究其历史，当溯史而上，以求了解利息之所自来，而期澈底明了今日问题之所自成；但凡过去借债而生利息者，不问其借债人之为谁何，借债目的之为生产或消费，利率之合法不合法，皆在本文研究范围之内。

b. 研究对象之横的扩大

以上为自纵的方面，引申利息问题之研究；今更自横的方面而论，利息一词，"又可分为贷物利息与贷款利息二种：贷物利贷与消耗品……之利息；贷款利息，为贷与货币之利息，故后者亦称为金利。"[①]今于货币经济社会，吾人当以金利为研究之对象。顾在吾国乡间，物物交易，至今尚在实行，钱币之效用，未能发挥尽致[②]。尤以谷物一类，在历史上，往往有货币之作用，故贷谷利息，与贷款利息，皆在此文研究之列。

3. 搜求史料之各方面

夫欲治史者，题目既定，范围已清，其次则不能定搜求材料方面。

(1) 史料之分类

按史料分类，依梁任公之意，可分为二种：一曰文字纪录以外之材料，二曰文字纪录。而文字纪录以外之史料，又可分为：① 现在之实迹；② 传述之口碑；③ 遗下之古物三者。其关文字纪录之史料，又可分为七种：① 旧史；② 关系史迹之文件；③ 史部以外之群籍；④ 类书及古逸书辑本；⑤ 古逸书及古文件之再现；⑥ 金石及其他镂文；⑦ 外国人之著述。[③]

---

① 吴应图：《利息问题》，第一章，中华书局，1926 年。

② 何廉：《我国经济之矛盾与出路》，《大公报》1935 年 3 月 3 日。（家红按：原文标注误为 1934 年，即民国二十三年。）

③ 梁启超：《中国历史研究法》，第四章，商务印书馆，1925 年。

(2) 已搜集材料之各方面

今兹所考,以命题所限,时间所限,人力所限,不能自所有上述之各方面,一一取材。大部分材料,仍取自文字纪录史料之①及③,间及②④⑦。首重正史,次及政书,更次及于杂史诸子之书。其金石与实物,固为今史所独重,然金石之所以足贵者,以其于官阶,地理,姓名,世界,年月,或足以补证史阙而已;与利息无关。[①] 而实物之发现,亦无关于历代利息者,[②]故作考于此无所征考焉。

(3) 搜求所未及

然作者非以是自足也;不惟不以是自足,且自知其所缺之资料正多。何则? 盖经济史料之搜集,只就文字纪录者而言,其范围已甚大。故陶希圣先生谓:"阅'二十四史'一通,已非易事,搜读数千部方志,益不易言。"[③]此皆就上述旧史部门而言也。汤象龙更扩而言之:"除'二十四史'及数千部方志而外,其所应搜读之数据,尚不知多少,而其中一部分资料,或较书本中之材料价值尤高。""其一,为明清两代中央政府之档案,此之档案,实为研究中国近代财政经济社会法律之最良资料。其数量之多,头续之繁,何止十倍于搜读数千部方志之工作。""二,为地方政府卷宗档册。""三,为各种账簿。盖观此数据,吾人始可以见各时各地之农民,经济,物值,生活程度,工商业发达之情形,以及社会之组织。"[④]是更就上述关系史迹之文件而言也。经济史料搜集之范围,有如此之大,而方面有如此之多,乃今之所考,仅限于史籍,而于方志、官档及账簿,皆未涉及,其所阙之大可见。虽然,各史"食货志",及"九通"关于食货之材料,实为经济

① 邓之诚:《中华二千年史》,叙录,商务印书馆,1934 年。

② 梁启超:《中国历史研究法》补编,分论三,第三章,商务印书馆,1934 年。"社会经济的资料少(意谓史料),尤其是中国。这个难题,我私度没有多大把握。因为纸片上的资料很少,实物根本没有,又不能靠采掘。"

③ 家红按:原文此处缺注,似为间接引用,今保留原貌。

④ 汤象龙:《研究中国经济史的一点认识》,《食货》一卷五期。

史基本数据之所在(梁任公有此说)。[1] 据此而考,已可以得历代利贷之趋势矣。不但此也,前述之方志、档案及账簿,皆考近代经济史所必需之资料,于古代无补也。今为历代利息问题考,非欲特制近代利息问题考,固无伤于前述史料之阙如也。将来如能进而专致力于近代利息问题之研究,当补充之。

4. 研究中国利息问题史之困难

目的既定,范围亦确,材料亦备,今当开始研究工作矣!然治史何易言,其困难甚多,一为主观方面之困难,一为客观方面之困难。

(1) 主观方面之困难

即治史者本身之困难。治史者有其必备之资格,其资格为何?史才,史学,史识及史德是。此由清代章实斋及刘知几之著作,已发挥尽矣,兹不复赘。[2] 总之,必具此四长始可以言史。此其一。

况今之所作,复为经济专史,据梁任公之说,盖为文物专史之一部分。而文物专史之工作,于专史中为最要且难。盖"非有专门研究之人,不能作专史"也。[3] 今既欲为社会经济专史之研究,当然须于经济学先有充分之研究。此其二。

(2) 客观方面之困难

至治史客观方面之困难尚多;一为搜集史料之困难:

a. 搜集史料之困难

编经济史难,而编中国经济史尤难。盖国人思想,素重政治,而轻经

---

① 梁启超:《中国历史研究法》补编,分论三,第五章。
② 章学诚:《文史通义》卷三,内篇三,史德。
③ 梁启超:《中国历史研究法》补编,分论三,第五章。

济。推其原因,约有二种。第一种为客观之理由:① 中国自古经济上之竞争不剧,所以自秦以后学术界呈消沉气象。② 工业革命迟缓,数千年不出农工时期,无剧烈变化,亦经济思想不发达原因之一。第二种为主观之理由:① 大夫轻视物质欲望,可以樊迟与孔子请学稼学圃之问答为证。② 工人商人多受蔑视,故孟子称商人为"贱丈夫",汉武帝有"市井子孙,不得为官吏"之令。[①] 由此二种原因所致,历史所载,于国家财政制度,尚可以按图索骥,得其大致;至于社会经济,国民生计,则史籍浩瀚,散见零星,间有所见,亦简略模糊,亟难以个人之力,数年之功,研讨而获其真象。时代愈远,其资料愈窘,其研究上之困难亦愈甚。故汤象龙以为中国经济史之研究,非由众人努力,一点一滴,搜集整理,切实互相指点,颇难期其真面目之实见也。[②] 而梁任公则言:"文物专史之搜集资料,其难已无以复加矣! 倘欲期其成,必需一世之功也。"[③]信然!

b. 鉴别史料之困难

关于治史客观之困难,尚不止史料之搜求;其次更有史料之鉴别难。史料何需鉴别? 一,因古书多伪作;二,因古书多杂合[④];三,因古书多讹误。[⑤] 因此数则,是以辨伪正误之工作为不可缺。故韩非子非孔墨,以为"无参验而必之者愚也,弗能必而据之者诬也。"[⑥]然辨伪正误之事,本系专门知识,非易卒言。不过关于辨伪一事,前人所作之成绩不少,尽可遵循,而定一己搜集史料之范围。此文之作,即本清姚际恒所著《古今伪书考》,及近人姚名达所作《宋、胡、姚三家所论列古书对照表》[⑦],自加斟酌,而从事史料之搜求。惟于正误之部分,则不能于编列之时,自为推敲。要

① 甘乃光:《先秦经济思想史》,第一章,导论,1926 年,商务印书馆。

② 汤象龙:《研究中国经济史的一点认识》,《食货》一卷五期。

③ 梁启超:《中国历史研究法》,第五章,1934 年,商务印书馆。

④ 熊梦:《晚周诸子经济思想》,第一章,导言,1930 年,商务印书馆。

⑤ 梁启超:《中国历史研究法》,第五章,1922 年,商务印书馆。

⑥ 韩非:《韩非子》,显学,第五十。

⑦ 表见北平景山书社所刊《古今伪书考·附录》。宋谓宋濂,有《诸子辨》之作。胡谓胡应麟,有《四部正伪》之作。姚即姚际恒,著《古今伪书考》。

而言,吾人读史,不能不依梁任公之遗教,及其所论正误之各标准。(作史时间与史实距离之远近,作史之人与史实关系之疏密,史料之直接与间接,此外更当察作史〔者〕之史德,史识,及当时所处地位如何。)刻刻用怀疑之精神,唤起注意。而努以施忠实之研究,以期真迹之呈露。[①]

总之,无论自主观方面,或客观方面而言,作中国利息考,有其特殊之困难。至今国内研究经济学者,尚未闻有作此考者。但利息问题,究属重要经济问题之一,倘欲明了全部经济史,此决不能缺。因此作者乃不顾困难,不揣谫陋,以二年之功,搜集群籍,勉成斯编。

5. 编制上之困难

本文之作,乃纯就所得之史料,加以类化、编制、组织、分析、解释而成,乃以科学的归纳法及统计法作成,自信毫无私见杜撰存其间也。惟于此有一事不能不引为遗憾者,即以断代法而分章也。梁任公尝言:"文物专史之时代,不能随政治时代以划分。虽则无论何种文物皆受政治之影响甚大;但中国已往之政治史,以朝代分划,已不合论理,而文物专史,尤不当以朝代为分野。"[②]然不以朝代分野,则当以社会经济之大变迁为画分线而区画之。普通作史,皆以秦之土地制度革命,与清代中英战争后之外商侵入,为中国历史之二大关键,以画分上古、中古及近代三时期。此种分化,固为有理,研究中国经济史者往往依之。[③] 然此种分类,其三时代之年限不侔,而史料之多少,亦相差悬殊,故于编制上殊失匀称(proportion)[④]之意。且关于中国经济史之时代解释,言人人殊;或以为封建社会开始于周末,而崩溃于十九世纪中叶(郭沫若,朱新繁);或以为封建制结束于春秋时代,春秋战国以后,虽有封建势力之存在,迄无封建制度之复

① 梁启超:《中国历史研究法》,第五章。
② 梁启超:《中国历史研究法》补编,分论三,第五章。
③ 例如郑行巽:《中国商业史》,1932年,世界书局。
④ 郑行巽:《中国商业史》,第一编,第一章。

兴(如陶希圣是);或以为五胡十六国时代,封建制始发生,以前皆为奴隶制度时期(王宜昌)[1];至今仍无定论,莫宗一是。况今日吾人最大工作,乃在搜集经济史料[2],在各方面史料未能充实之前,固无从分化今古,而使合理。因之,此文仍以朝代为单位,统计材料之多少,而均配于各章。此于研究上之原则,虽有不合,而自行文之技术上言之,实有不得已之苦衷也。

研究之态度　最后,作者更当自申研究之态度。按经济史者,本可以五种不同之态度研究之:① 为记忆的,② 为解析的,③ 为比较的,④ 为批评的[3],⑤ 为考据的。此文之性质,乃以编辑史料为务,非为记忆。而既欲编辑使之合理,则必须加以比较分析;间有史料错误赝作之处,又必加以考证,故于②③⑤之态度相合,而非记忆及批评也。梁任公尝谓:"在欧洲诸国史,经彼中先辈搜出者已什而七八。故今之史家,贵能善因其成而运独到之史识以批判之耳。中国则未曾经过此阶级,尚无正当充实之资料,何所凭藉以行批判?漫然批判,恐开口即错矣。"[4]则于此专门问题之零星史料,益无此必要矣。

① 沙发诺夫:《中国社会发展史》,李俚人等译,译者序言,1932 年,上海新生命书局。
② 梁启超:《中国历史研究法》,第五章。
③ 唐庆增:《经济史之重要及其研究法》,载《唐庆增经济讲演集》,1933 年,世界书局。
④ 梁启超:《中国历史研究法》,第五章。

第一章　周考（前1134—前247年）

第一节　周代利息之种类及收付

太史公曰："夫神农以前，吾不知已。"[①]司马迁生二千年前，其于上古之事，尚不明晰，则吾辈更无从考矣。故今之于利息史，亦不欲依无稽之说，推测远古；惟就信史所及而研究之耳。

(1) 借贷之发生

利息发生于借贷，借贷不外贷物及贷款二途。而二事之发生，据史考之，其时当在周代之前。按《路史·后纪》云：神农之时（公元前2700之际），"乃制为之数，一谷不登损一谷，……二谷不登损二谷，……亡食者与之陈，亡种者贷之新。"当时已有贷种之事。[②] 而下逮黄帝（前2697—前2597年），据郑樵《通志》言："黄帝使有无相贷。"[③]又云：当时金属币已经使用[④]，则有无相贷，当包贷物与贷款二者而言。（近人郭沫若作《古代社会研究》，关于此点，已提出反证，否认当时金属币之存在。以卜辞证明，至殷周间贝仍为一般货币之单位；惟仍不能据以否认黄帝时货币之存在，亦即不能据以否认黄帝时贷款之存在。）[⑤]以上虽系传说之辞，不可深信，

---

① 司马迁：《史记》卷二十九，货殖列传。
② 罗泌：《路史·后纪》，三炎帝，三叶，中华仿聚珍本。
③ 郑樵：《通志》卷一三，皇纪一。
④ 见《通志略·食货略第二》，及《文献通考·钱币考》。
⑤ 戴铭礼：《中国货币史》，第一章，1934年，商务印书馆。

然在不能提出反证之前，由此说亦可以概见中国借贷起源甚早。

(2) 周之贷谷

a. 官贷　迨至周(前1134—前247年)而借贷之事更盛。兹分贷谷及贷款二方面论之。周朝有专官贷粟，在王廷(即当时之中央政府)以大司徒任其事。《周礼》云："大司徒……以荒政十有二聚万民：一曰散利。"而郑司农疏云："散利，贷种食也(者)，丰时敛之，凶时散之；其民无者，从公贷之。或为种子，或为食用，至秋熟还公。"荒年则贷民以谷，丰年则从民收还，是长期贷借也。① 更有定期借贷者，或如《周礼》所云"春颁而秋敛之"②，或如《管子》所云"夏贷以收秋实"③，是皆当时无息之贷也。此为官贷民粟之政，后世以常平仓、社仓之粟贷济贫民，即昉乎此。④

此外当时各国君主(即当时地方政府)，亦有贷粟之政。如《春秋左氏传》载，襄公二十九年，宋平公"出公粟以贷饥民"⑤，即其一例，亦未闻收息。惟立文书，盖所以纪多寡，为偿还之据。⑥ 以上为周代国君贷粟于民之情形。

b. 私贷　当时之士大夫，亦尝贷粟。如《左传》所记，襄公二十九年，"宋亦饥……使大夫皆贷，司城氏贷而不书。"⑦昭公三年，"齐……陈氏……以家量贷而以公量收之"⑧。是私人常有贷粟之事；其为贷借，亦皆不取息。(司城氏贷而不书，陈氏厚贷薄收，可见无息。不惟无息，并本亦受损。)此外更有自下而贷于上之事，如《管子》所云：齐桓公四年伐孤竹，

---

① 《周礼注疏》卷十，册三，十叶，中华仿聚珍本。

② 《周礼注疏》卷十六，册四，一叶。

③ 《管子》卷二十二，国蓄第七十三，三叶，扫叶山房"百子全书"版。(家红按：以下简称"扫叶百子版"。)

④ 杨景仁：《筹济编》，卷十二，借贷，一叶，光绪九年武昌书局版。"周官荒政，一曰散利，……账贷之典，所由昉乎！"

⑤ 《春秋左传》卷(十)〔卅〕九，二叶，中华书局。

⑥ 《周礼注疏》，册一，卷三，三叶。

⑦ 《春秋左传》卷十九，二叶。

⑧ 《春秋左传》卷二十，十六叶。又《晏子春秋》卷四，内篇问下第四，称"田氏"，未知孰是。

曾假丁氏之粟,但闻有质,未闻有息。①

总之,周之贷谷颇为经见;上自天子,下至庶民,皆常贷粟,以时假还,未尝取息。至于贷款则不然。

(3)周之贷款

a. 官贷　周之商民,欲贾无本,或有急需而无所取给,皆可以径至贷金贷货之国立机关,名曰泉府者,与其官吏接洽以借取之。然泉府所藏,货物多种,接洽之时,官吏可以分别种类,估定价值,以为借商民之本数,按此本数,以一定之比率按年收其利息。故《周礼》记泉府,"凡民之贷者,与其有司辨而授之,以国服为之息"。而郑司农注云:"贷者,谓从官借本贾也。"疏云:"贷者即今之举物生利,……与有辨而授之者,谓别其所授之物以与之。"又云:"与之别其贷民之物者,但泉府中所藏之物,种类不同,欲授民之时,先当分别,又当定其贾数以与之。"②

此种借债(仍系货币贷,虽有借货物者,而以估价借之,亦为货币贷),接洽既成,乃共立文契,书为两份,泉府与民各执其一,以备因债兴讼。其司法官员,如中央之小宰,各市之司市,即准此契约而判是非。故《周礼》云:小宰"以官府之八成经邦治……四曰听称责以傅别。"郑司农注谓:"称责为贷予,傅别谓券书也。听讼责者,以券书决之。傅,傅著约束于文书;别,别为两家,各得一也。"而疏谓:"称责,谓举责生子,彼此俱为称意,故为称债,于官于民,俱是称也。争此责者,则以傅别券书决之。"③《周礼》又云:"司市……以质剂结信而止讼。"注谓:"质剂谓两书一札而别之也。"疏谓:"质剂谓券书,恐民失信,有所违负,故为券书结之,使有信也。"④

更为慎重起见,国家对于泉府之契,更抄为副本,藏之大史之手,以备

① 《管子》卷二十二,国蓄第七十三,六叶。
② 《周礼注疏》,册四,卷十五,三叶。
③ 《周礼注疏》,册一,卷二,二叶;又册一,卷三,三叶。
④ 《周礼注疏》,册四,卷十四,十一叶。

稽查。故《周礼》云:“凡邦国都鄙及万民之有约剂者藏焉。以贰六官,六官之所登。”其疏谓:“云以贰六官者,六官各有一通,此大史所副写一通,故云以贰六官。云六官之所登者,约剂相续不绝在后,六官更有约剂,皆副写一通,上于大史以藏之。”[①]由此可见周制对于契约之郑重。

至周末臣民之借贷于官者,仍为习见。例如《左传》载,文公十四年,“齐…公子商人,骤施于国……尽其家,贷于公,有司以继之。”其意盖谓公子商人之家财既尽,乃从公及国之有司富者贷之。[②] 更观于当时晋“宣子始为国政,由质要”,则契约之制,依旧未隳也。[③]

b. 私贷　以上所言,为官贷民以货币而取息之情形;反之,亦有官家由私人借贷者。如《通志》载:周赧王“虽居天子之位,为诸侯所侵,与家人无异,多负于人”。[④] 故《金楼子》谓:“周赧王即位,负债而逃之。”[⑤]其为借贷,亦有利息,具券书,如《墨子》所云:“牧、粟、米、布、钱、金,出内畜产,皆为平直其贾,与主人券书之。事已,各以其贾倍偿之。”[⑥]惟其详细办法,则不可知,盖亦与官贷民钱者相仿也。

至于私人间之息贷,至晚周尤盛行。一国借贷之民,据《管子》估计,乃至数万家。[⑦] 借贷生息,书于券契,至期合券而偿本息。其贷款家多者,有时专设司会计之人(按:即如今日富户之司账先生),至期往各家收款。或有不能偿者,则以券为凭而兴讼[⑧],亦有烧券免责者[⑨]。

由此观之,利贷自周初已然发生,为可断言之事实。至于其收付办

---

① 《周礼注流》,册七,卷二十六,六叶。

② 《春秋左传》卷九,文公十四年。

③ 《春秋左传》卷八,文公,十一叶。孔疏谓:“由质要者,谓断争财之狱,用券契正定之也。”

④ 《通志》卷三下,三王纪三下,三二叶,武英殿本。

⑤ 梁孝元皇帝:《金楼子》卷六,杂记篇十三上,五叶,扫叶百子版。

⑥ 《墨子》卷十五,号令第七十,五叶,扫叶百子版。

⑦ 《管子》卷二十四,轻重丁第八十三,四叶。

⑧ 《春秋左传》卷八,文公,十叶。

⑨ 《史记·孟尝君传》:“贫不能与息者,取其券而烧之。”《战国策》卷十一,齐四,“矫命以责赐诸民,因烧其券,民称万岁”。

法,则当时各地方受自然环境之限制,生产技术发展不均,生产组织不同[①],虽可自断片之史料,稍见各地之特殊情形,但决不敢以此推论当时各地皆如此也。

第二节　周代利息率之高低

周代利息率之高低,可分两方面言之:

(1) 官贷利率

《周礼》所载,"以国服为之息",郑玄谓"以国服为之息",(即)"以其与国服事之税为息也。于国事受园廛之田,而贷万泉者,则期出息五百"。[②] 据此而考,则周初官方借放于民债之利率(此周官之制,其继续有效至何时而止不可考,故云周初耳),盖非一律;其借贷利息之高低,完全与其人所纳之税率相合。而周之税率,按《周礼》在国中受园廛之田者,国家任土征赋,二十分之一。在城外五十里近郊者,征赋十分之一。在城外五十里以外,百里之内远郊者,征二十分之三。近郊远郊,即所谓四郊。百里之外,二百里之内,名邦甸。三百里之内,名为家削。四百里之内,名为邦县。五百里之内,名为邦都。在邦甸、家削、邦县、邦都,受田者,纳赋十分之二。[③] 其民自官贷者,其息率亦如此。即城中人借债,其利率为年利五厘(1/20 = 5/100)。近郊之人借债,年息一分(1/10 = 10/100)。远郊人借债,年息一分五厘(3/20 = 15/100)。甸、削、县、都之人借债,则须年息二分(2/10 = 20/100)。据此列表如下:

---

① 陶希圣:《西汉经济史》,第一章,1931年,商务印书馆。
② 《周礼注疏》,四册,卷十五,三叶。
③ 参考《古今图书集成·食货典》卷一一一,赋役部,汇考一之九。

周官贷分区利率表

与城邑距离里数	0	1—100		100—200	200—300	300—400	400—500
		1—50	50—100				
各区名称	国中	近郊	远郊	邦甸	家削	邦县	邦都
年息利率	5%	10%	15%	20%	20%	20%	20%

故《周礼注疏》云："郑引载师受园廛之田，而贷万泉者，则期出息五百，计当二十而取一。若然，近郊十一者，万泉期出息一千；远郊二十而三者，万泉期出息一千五百，甸、(削)〔稍〕、县、都之民，万泉期出息二千。"①

(2) 私贷利率

至于民间私贷，其利率高低，在周初无此记录；然有国法之限制，如《周礼》所云"朝士：凡民同货财者，令以国法行之"②，惟法定利率之高低不详，想当与政府贷款息率相若也。惟至周季(前685—前645年)，观于《史记》孟尝君"出钱于薛，岁余不入，贷款者多不能与其息"③，则可知其利率已高。更观《管子》所载"民倍贷以给之征"④，《墨子》所载"牧、粟、米、布、钱、金，出纳畜产，皆为平直其贾，与主人券书之。事已，皆各以其贾倍偿之"⑤。是其利率，已达加倍，故所谓"倍称之民"⑥——常常放利加倍之高利贷者已出见，则当时年利百分之百之高利率为恒有可知。

总之，周初礼制，官私贷利率甚微，约与近代等，甚或有更低者。周如是，诸侯各国如何，尚属问题。惟降至季世，以商业之发达，资本需用亟殷，而民间私贷利率甚高。最低限度，商业较盛之地为如是(如齐是)。周季贷利，其计算之法，皆以周岁为期。其更长或更短之钱债，其计息之法，是否按年推算，或于常年假贷，是否有复利率之计算法，皆不可知也。

① 《周礼注疏》，卷十五，三叶。
② 《周礼注疏》卷三十五，十三叶。
③ 《史记》，孟尝君传。
④ 《管子》卷十五，治国第四十八，五叶。
⑤ 《墨子》卷十五，七叶。
⑥ 《管子》卷二十三，揆度第七十八，四叶。

第三节　周代利息所以高低之原因及其影响

周初利率之低与周末利率之高,已如上述。其所以高低之原因与结果,当略释如下:

周初利率之低,其原因由于法定官贷之利率也。周设泉府,官贷于民,本非为营利,而欲以此为金融调剂之机关,随时供给庶民以资财,以助其繁荣者,故取利至薄。而国家贷民,所以能取薄息之理由,简言之,则由于其财政收入足用且固定也。盖当周初封建,王国范围甚小,其中央财政易统制。一夫授田百亩,而为上出一定之赋,此在国家组织简单之时,战争不频之时,既可维持其支出,且甚固定。

由于此利率低之官贷,当然予农工商业以提携,尤以商人可以此低利贷本,于封建经济间谋得大利,而跻于发达。惟于此点,信史无考,为遗憾耳。然至四百年后春秋之际(公元前722)商业之发达,已可惊人,其发达或与西周之政制有关。[①]

其次,更就周末利率之高,而分析其原因并结果。在分析其因果之先,当就其时贷借双方之人加以研究。其借者主要者,为贫农。故桓公尝谓:"寡人多务,令衡籍吾国之富商、蓄贾、称贷家,以利吾贫萌农夫。"[②]有时为君王,则如赧王之债是。[③] 而贷者则主要者为富商蓄贾,此可由《管子》之言证之,"桓公曰:曲防之战,民多假贷而给上事者,寡人欲为出赂,为之奈何? 管子曰:请以令富商蓄贾。"[④]有时为领主,如孟尝君之放贷于薛,薛其封邑,孟即封君领主也。[⑤] 欲求其利息高之原因及结果,不难自此人之环境分析得之:

---

① 柯金:《中国古代社会》,岑纪译,附录"中国古代土地制度之研究",1933年,黎明书局初版。

② 《管子》卷二十四,轻重丁第八十三,四叶,扫叶百子版。

③ 《管子》卷二十六,六叶。

④ 《管子》卷十八,一叶。

⑤ 《管子》卷二十三,六叶。

(1) 租税徭役之“暴急” 当春秋战国之时，上自天子，下至卿大夫领主，皆感资财之不足，故不能不设法致之。其罗掘之法，最普通者为征租税加徭役。以此高利贷者从而获利矣。故《管子》“治国”篇云：“凡农者月不足而岁有余者也。而上征暴急无时，则民倍贷以给上之征矣。”[①]此实当时利高之要因。此外如史载孟尝君封万户于薛邑，入不足以奉客，使人出钱于薛。[②] 虽形似一般私人之放贷，其实领主放高利贷于封邑之民，亦含有课税性质在内。

以上乃就平时之租税徭役而言，周季各国，战争频烦，而战费实为当时各国财政支出之要项，故战时之征发徭役，尤较平时暴急，而高利贷者，益足以乘此时以射利。例如《管子》所云：“曲防之战，民多假贷而给上事者。”又云：“峥丘之战，民多称贷，负子息。”[③]凡此皆见当时租税征发之影响农民，加强其借债之需要，乃致贷利之加高。

(2) 灾荒之时见 农业生产技术之不精，农业收获之良否，大致受天时之决定。雨霖不时，则灾旱立现，而农人不能不仰给于借贷，以谋生。此亦加强农民需要借债之要因。换言之，此亦促使利高之一原因。例如《管子》所云：“耕耨者有时而泽不必足，则民倍贷以取庸矣。”[④]

以上二种原因，实为周末高利率所以存在之主要原因。此外因财政之原因，乃致周王之高利举债，惟此为不经见之现象，非足以论一般社会情形也。

因高利之发生，而社会受其影响甚大，亦可自三方面言之：

(1) 农产集中 据前此之分析，周末借款者多为贫农，而贷者主要〔者〕为商贾，故高利贷之结果，小农产业破坏，而集中于贷者之手。故《管子》载，桓公问：“寡人欲复产业，此何以洽？”[⑤]盖贫农受高利贷之侵蚀

---

① 《管子》卷二十三，七叶。
② 《管子》卷十五，治国第四十八，五叶。
③ 《史记》，孟尝君传。
④ 《通志》卷三下，三王纪下，赧王。详前第一节注。
⑤ 《墨子》卷十五，号令第七十，五叶。

而失其产业(即一夫所受之业田),往往去为末业,或猎以谋生。即如《管子》所云当时借债人之生活状况,"西方之氓者……渔猎取新蒸而为食……南方之萌……上斲轮轴,下采杼栗,田猎而为食。……东方之萌……〔渔〕猎之萌也。治葛缕而为食。……北方之萌者,衍处负海,煮济为盐。梁济取鱼之萌也"①。同时,更就其财富而观,贷者之富,以粟言多至五千钟,以钱论多至千万,②丁、惠之富,家粟可供三军五月之粮,③夫此贷者一家之富,至于如此,决非一夫之田百亩所能生产,此可断言者。所以能有此财富,当然为其高利贷之结果。每夫之田业,既因高利贷其他原因之影响,不能保全,而集中于少数人之手,于是社会中乃有穷至"无居处""绝粮食""屦缕之甿","饿馁于衢闾",而至于"卖子"④之人,此种社会问题之构成,实高利之赐。

(2) 封建力衰微　他一方面,则因战争之累,领君(甚至天子)之财力不足,亦不能不求助于高利贷者,⑤于是领君之权渐分,而封建势力衰微,故齐桓公问于管子曰:"崇弟,蒋弟,丁、惠(高利贷者,详前注)之功世,吾岁罔,寡人不能籍斗升焉……去一列稼缘封十五里之原,强耕而自以为落其民,寡人不得籍斗升焉。则是寡人之国,五分不能操其二,是有万乘之号,而无千乘之用也。"又"管子曰:不弃我君之有萌,中一国而五君之正也。然欲国之无贫,兵之不弱,安可得哉"⑥。故可谓为大地主、大商人之征服封建势力;而此之征服,高利贷为其利器之一。

(3) 商业兴起　由于以上二种结果,封建势力之拘束既渐弛,农产集中而受商人资力之支配,故《管子》谓:"万乘之国,必有万乘之贾;千乘之国,必有千乘之贾。……今君之籍,取以正万物之贾,轻去其分,皆入于商贾,此中一国而二君二王也。故贾人乘其弊以守民之时。贫者失其财,是

① 《管子》卷十五,治国第四十八,五叶。
② 参考《史记》,孟尝君传。
③ 《管子》卷二十二,六叶;《管子》卷二十四,四叶。
④ 《管子》卷二十四,五叶。
⑤ 《管子》卷二十四,四叶。
⑥ 《墨子》卷十五,五叶;《通志》卷三下,三王纪下,赧王。

重贫也。农夫失其五谷,是重竭也。故为人君而不能谨守其山林、菹泽、草莱,不可以立为天下王。”①农业既受商人资力之支配,于是商业易于兴起,故周末之大商人出现,如子贡、白圭、猗顿、乌氏羸②,而商业有显然之发展。盖高利贷者、地主、商人,实有“三位一体”之可能也。

第四节 周代高利贷者之情势

周初始制井田之法,每夫(二十岁男子)授田百亩③,人民生活安定,无贫富之大差,故不容其有高利贷之存在。及春秋之后,而高利贷者之势渐成。其势之大,甚至可以使国君受其胁制,已见前节,兹更详言之。

(1) 高利贷者阶级 高利贷者,于周末之时,已成为独立之职业;有所谓假币之“赀家”,“倍称之民”,与“称贷家”者是。④ 故《管子》谓:“凡立朝廷,问有本纪,……问邑之贫人,债而食者几何家。”⑤是其意凡立国者不能不注意于高利贷者与借债者。高利贷之社会势力由是可见一斑。

(2) 高利贷者与社会之关系 兹更从数字上,观察其情势,尤为显明。《管子》“轻重”篇云:“桓公曰:寡人多务,令衡籍吾国之富商、蓄贾、称贷家,以利吾贫萌农夫,不失其本事,反此有道乎?管子对曰:惟反之以号令为可耳。……管子……请使宾胥无驰而南,隰朋驰而北,宁戚驰而东,鲍叔驰而西。……曰:子皆为我君视四方,称贷之间,其受息之氓几何千家,以报吾!鲍叔……反报曰:西方之氓者,……其称贷之家多者千钟,少者六七百钟。其出之钟也,一钟。其受息之萌,九百余家。宾胥无……反报曰:南方之萌者……其称贷之家,多者千万,少者至六七百万。其出之中佰伍也。其受息之萌八百余家。宁戚……反报曰:东方之萌,其称贷

① 《管子》卷二十四,二叶、四叶。
② 《管子》卷二十三,七叶。
③ 参看《孟子》“万章”篇。
④ 《管子》卷二十四,四叶。
⑤ 《管子》卷九,四叶。

之家，丁、惠，高国，多者五千钟，少者三十钟。其出之中钟五釜也。其受息之萌八九百家。隰朋……反报曰：北方之萌……其称贷之家，多者千万，少者六七百万，其出之中佰二十也。受息之萌，九百余家。凡称贷之家，出泉叁千万，出粟叁〔数〕千万钟，受子息民叁万家。”[①]由此足见当时齐国，自国都而言，可分四方面：西方高利贷者，其贷者，每家放债至千钟之多，借债者九百余家。东方之高利贷者，每家之放债，多至五千钟，借债者亦达八九百家之多。南北两方，则皆放钱债；其高利贷者，每家放款，皆自六七百万至千万之数。至于借债者，则南方为八百余家，而北方有九百余家。总计全齐国，放款达三千万钱，放款债至三千万钟，而借债者有三万家。按齐之大，不至今日山东一省，而统计其高利贷资本，乃至数千万钱，加以粟本则更多，自其惊人之数字观察，更可见当日高利贷者之雄势。兹为比较起见，将粟皆折合为钱，每钟按十釜计，[②]而每釜按五十五钱计价，[③]列表如下：

齐桓时齐国各区高利贷势统计表

东区	放债者每家所放之数	1 650—2 750 000 钱
	借债户数	800—900 家
西区	放债者每家所放之数	330 000—550 000 钱
	借债户数	900—1 000 家
南区	放债者每家所放之数	600 000—10 000 000 钱
	借债户数	800—900 家
北区	放债者每家所放之数	600 000—10 000 000 钱
	借债户数	900—1 000 家
全国合计	放债总数	16 530 000 000 钱 =（30 000 000 钱 + 30 000 000）
	借债户总数	30 000 家

（3）高利贷与国家　高利贷者之势力，仍可自另一观点考察之：国家每次战争，无论直接间接，皆借助于高利贷者之财力以行之。如桓公之伐

① 《管子》卷二十四，轻重丁第八十三。

② 见《左传》卷二十，十六叶。

③ 《管子》卷二十四，五叶。“齐西丰收，粟贱至十钱，齐东荒，贵至百钱。”兹求其中数为五十五钱。

孤竹,乃假丁、惠之粟以为军饷,[①]惠即齐东之高利贷者。[②] 曲防之战,其战时征发之款项,多高利贷家先期代垫者;[③]至于峥丘之战,亦然。[④] 其与今日战争,政府与银行界之关系,相去不远,前者似战时向金融界所借之有息公债;后者似作战之时,就地征发,一时不能征齐,先由金融界代垫之款。高利贷者之财力,可以左右一国政治,其力之大,更何加焉?故以齐桓之雄,坐视其侵剥小民,亦莫可如之何,惟给名位褒崇之,礼遇之,而期其自抑。[⑤]

此不过就齐国而言,至于当时他国他地高利贷之情形如何,虽无从考究,但可以一反三,视其经济发达之先后而推知其大概。

第五节 周代关于利息之思想及法制

(1) 政府与利息之态度

周公制礼,为周代法制之发轫,其于商政之施设,可云完备。[⑥] 而决无禁利之规定,无疑其视利息为正当之所得也。不惟视为正当,且其于泉

① 《管子》卷二十二,六叶。

② 《管子》卷二十四,四叶

③ 《管子》卷二十四,二叶。

④ 《管子》卷二十四,五叶。

⑤ 《管子》卷二十四,四叶:"四子已报,管子曰:不弃我君之有萌,中一国而五君之正也,然欲国之无贫,兵之不弱,岂可得哉。桓公曰:为此有道乎?管子曰:惟反之以号令为可,请以令贺献者皆以鏂枝兰鼓,则必坐长什倍其本矣。君之栈台之职,亦坐长什倍,请以(令)〔召〕占称贷之家。君因酌之酒,太宰引觞。桓公举衣而问曰:寡人多务,令衡籍吾国,闻子之假贷吾贫萌,使有以终其上令。寡人有鏂枝兰鼓,其贾中纯万泉也;愿以为吾贫萌决其子息之数。使无券契之责。称贷之家,皆齐首稽颡,曰:君之忧贫萌至于此!请再拜以献堂下。桓公曰:不可,子使吾萌春有以傳耜,夏有以决芸,寡人之德,子无所宠,若此而不受,寡人不得于心。故称贷之家曰:皆再拜受。所出栈台之职,未能三千纯也。而决四方子息之数,使无券契之责。"同卷,五叶:"桓公曰:峥丘之战,民多称贷负子息以给上之急,度上之术,寡人欲复业产,此何以洽?管子对曰:惟缪数为可耳。桓公曰:诺!令左右州曰:表称贷之家,皆垩白其门而高其闾。州通之师,执折箓曰:君且使使者。桓公使八使者,式璧而聘之,以给盐菜之用。(中略,与前桓公奖鼓励称贷家之言相仿。)称贷之家,皆折其券而削〔其〕书,发其积藏,出其财物,〔以〕赈贫病,分其故贵,故国中大给。"

⑥ 郑行巽:《中国商业史》,第一编,第六章。

府贷本,以明文规定其取息,[①]是其明认借贷有取息之必要,盖取息可以限其浮浪之费也。[②] 由此可知周初政府当局利息思想之进步。(与西方各国中世禁利之思想,以今日之眼光比量,不能不承认其进步。)但其于利息,亦非毫无限制之赞成;乃以国服之法,为法定利率,[③]过此则必刑罚之,后世限制利率之令,乃系滥觞于此。以上为周初政府对利息之态度。

至于周末则稍异;周末高利贷者之势力已大,宜乎其为人所诅咒,政府所不满,故其时政府当局者,多持反对之态度。例如齐桓曾以权术诱使高利贷者放弃其高利贷。然其(与)〔于〕高利率,则未有法律以限制之也。

(2) 关于利息之思想

周代政府,关于利息之态度,已如上述;至于周代一般人对于利息思想如何?是亦当考者。政府之态度,当然与个人思想以大影响,尤以周初法制,圣人所定,尤为人所仰从而不敢反对者。故周初文献,不见有反对利息之思想,此固由于古人多重精神生活而轻物质生活,但政府法制,对于一般人思想之影响,风行草掩,亦可断言者。至周末则思想因利率之高而大变,据作者臆测,当时一般人皆立于反对地位。惟高利问题,非徒反对可以解决,此管仲有高人之见解。彼之仇视高利,欲分兼并之财,态度与齐桓公略同。[④] 惟其应付办法,则其既不能以令禁,亦不能以法限,但可以完备之金融机关,使一国之现有资本流通捷而效力增,而将来之资本缘而增殖,则利息之日下,不期而自臻焉。[⑤] 此其思想,直可以与现代经济学上之供求理论相吻合,其发达之早,使人惊讶。

---

① 《周礼注疏》,卷十五,详前第一节。

② 《八编经世类纂》二十七卷,大学衍义补,户曹类,制国用,“臣按泉府之……取息者,限其浮浪之费也”。

③ 《周礼注疏》卷三十五,十三叶。详第二节表。

④ 《管子》卷二十三,七叶。“管子曰:……故为人君不能散积聚,调高下,分并财,君虽彊本趣耕,发草立币而无止,民犹不足也。桓公问于管子曰:今欲调高下,分并财,散积聚,不然,世且兼并而无止。”

⑤ 熊梦:《晚周诸子经济思想》,第六章。参看《管子》卷二十二,山国轨第七十四;卷二十四,轻重丁第八十三末节。

第二章　秦汉考(前246—219年)

第一节　秦汉利息之种类及其收付

(1) 秦之利贷概观

于前章叙述高利影响之时,见资本之集中,商业之繁荣,封建势力之衰落。封建势力之各个衰落,此种趋势,与秦始皇(前246—前210年)以统一天下之机。[①] 始皇时,以土地所有之不平,乃改周代税地之制而为税人之制。“地数未盈,其税必备。是以贫者避赋役而逃逸,富者务兼并而自若。二世(前209—前207年)承之不变,其失反更益之。”[②]且秦重财货,“官爵可买”,[③]故商贾富人,皆可以登庸。例如吕不韦为阳翟大贾,乃为秦相。[④] 凡此政治施设之种种,皆可以助资本之集中,贫富之不均。(皆前章所述利率增高之原因。)同时,秦法至严,征税复重,此皆可以为高利贷者张势。故周末之高利,其可以继存于秦代而益荣,实可推断之事。[⑤] 惟其详情,则不可考。

(2) 汉代之贷谷

秦亡汉兴,两汉(前206—219年)利息问题,尚可考而略言之。兹仍

---

① 陶希圣:《西汉经济史》,第一章。
② 杜佑:《通典》卷四,食货四,赋税上,八叶。
③ 《韩非子》卷十九,四叶,扫叶百子版。
④ 司马迁:《史记》卷一二九,货殖列传。
⑤ 《史记》卷三〇,平准书,“通邑大都子贷钱千贯”。

就贷谷、贷款二者分论之：

a. 官贷　汉代官家多贷谷；例如昭帝始元二年，曾贷贫民种食；[①]宣帝本始四年，诏丞相以下入谷，助贷贫民种食；地节三年，又诏假流民公田，并贷种食；[②]元帝初元元年，贷种食给贫民；永光元年，贷种食给农民；[③]平帝元始二年，假贫民以犁牛、种食；[④]后汉章帝建初元年，有诏免尤贫之贷；[⑤]和帝永元十一年，遣使循行，而禀贷被灾之民，十二年、十三年、十五年、十六年又曾诏灾民及贫民种子粮食；[⑥]安帝永初二年，亦曾禀贷流民；元初二年，复下诏假贷；[⑦]顺帝永建二十年、阳嘉元年与永和四年，皆曾禀贷贫民。[⑧] 凡此皆官贷于民者，但责民偿本，未尝取息。

《汉书》云："山川园池市肆租税之入，自天子以至封君汤沐邑，皆各为私奉养。"[⑨]盖当时天子诸侯，皆各各自有其所领之租税，不入天子之仓库。且各有大量土地，更可收大量之生产物于仓库。[⑩] 是以年有荒祲，民有贫流，皆可由其仓库贷给贫民流民，以谷物农产，用以维持地方秩序，而不必取息也。

b. 私贷　至于私人贷谷者，武帝元狩三年，曾诏以"吏民能假贷贫民者，以名闻"[⑪]。黄香守魏郡，"富人亦出谷助贷贫民"[⑫]。至后汉末，官家曾贷王侯吏民积谷十之三，以助贫民。[⑬] 此皆私人之贷谷者，未闻取息，惟皆限于贷贫为振。其平时假贷，则必取息。如《汉书》"王子侯表"所

---

① 《汉书》卷七，昭帝纪。
② 《汉书》卷八，宣帝本纪。
③ 《汉书》卷九，元帝本纪。
④ 《汉书》卷十二，平帝本纪。
⑤ 《后汉书》卷三，章帝本纪。
⑥ 《后汉书》卷四，和帝本纪。
⑦ 《后汉书》卷五，安帝本纪。
⑧ 《后汉书》卷六，顺帝本纪。
⑨ 《汉书》卷二十四上，食货志，五叶。
⑩ 按《汉书·酇侯萧何传》有购买私有地之事实。
⑪ 郑樵：《通志》卷五下，前汉纪五下。
⑫ 《后汉书》卷八〇，文苑传第七十。
⑬ 《后汉书》卷七，桓帝纪。

载:"陵乡侯䜣,建始二年,坐……贷人谷息过律免。"[①]据此可见汉代私家贷谷取息为不违法,既为合法,当亦为一时之惯例。惟其详情不可知。

总之,汉代官私贷谷,其取息与否,皆视其目的为准。其为振荒济贫而贷谷者不取息,其平时常态之借贷则取息。

(3) 汉代之贷款

兹更观当时之贷款,亦可分为官贷与私贷:

a. 官贷　汉代上自天子,下至州县官,皆尝有贷款之事。新莽时,"于长安及五都立五均官,……民欲祭祀、丧纪而无用者,钱府以所入工商之贡,(工商计利之什一而贡)但赊之。祭祀无过旬日,丧纪无过三月。民或乏绝,欲贷以治产业者,除其费,计所得受息,无过什一。"[②]是莽时官家贷款,可分二种:一为消费而假贷者不取息,一为生产而假贷者则取息。此天子之贷款。至于封君、州县官以官款放息债之事,盖属禁例;间或有之,如武时旁光侯之放款,[③]亦以私款假贷,当视同私贷。

b. 私贷　私人贷款,汉时甚为发达,[④]最普通之现象为农民之借债;其天子诸侯官僚亦间自富人借债,惟非常态也。农人之以高利自富商大贾借钱债事,盖为有汉一代,常见之病态,故前汉晁错[⑤],后汉桓谭[⑥],皆(常)〔尝〕上疏论其事也。景帝三年,列侯封君曾以高利借债于无盐氏,[⑦]顺帝时,有郎官"负息钱数十万"[⑧],实皆史书所罕见之事。至于顺帝永和六年,"诏假民有赀者户一千"[⑨],天子借债于富民,尤为旷代所无。

总之,汉代贷谷贷款,在官家皆为无息之贷。王莽时钱府之有息放款

---

① 程树德:《汉律考》卷四。
② 《汉书》卷二十四下,食货志下,十三叶。《通典》卷十一,食货十一,平准。
③ 《汉律考》卷四,注引"王子侯表"。
④ 《史记》卷三〇,平准书;又《通志》卷一八〇,游侠一。
⑤ 《汉书》卷二十四上,食货志;《通典》卷一,食货一,田制上。
⑥ 《后汉书》卷二十八,桓谭传。
⑦ 《史记》卷二十九,货殖列传。
⑧ 《后汉书》卷八一,独行列传之陈重传。
⑨ 《通志》卷六下,《后汉纪》六下。

除外,在私人多为有息之贷。惟于此时谷贷,不似周时,与钱贷一般盛行。且于高利之贷款,贫农为其当然之被压迫者,此实研究汉代利息所可注意之一点。至其借贷办法,盖无论其为贷谷贷款,亦无论其借贷者之为谁何,其必具文契,[1]则可考自《东观汉纪》而断言者也。至利息之计算,则为单利,计算单位,周岁为期,亦系显然之迹,不必更事博考广证者。

第二节　秦汉利息率之高低

(1) 秦代息率

秦之贷利,据当时政情而论,应高无疑;惟于利率具体之数字,则史无所载,但当自现有之史料而推算之。按史书云:"秦汉(按为汉武以前)之制,列侯封君食租税,率户二百,千户之君,则二十万。……庶民农工商贾,率亦岁万息二千,百万之家,即二十万。……故曰陆地牧马二百蹏,牛千蹏角,千足羊,泽中千足彘,……此其人与千户侯等。"又云:"通邑大都,……马蹄噭千,牛千足,羊彘千只,……子贷金钱千贯,……亦比千乘之家,此其大率也。"[2]由此可以以数学方法推知秦汉民间之贷款利率:

∵ 羊千双即 2 000 头 彘千双即 2 000 头 马蹄噭千即 200 头 牛千足即 250 头	= 子贷金钱千贯即 1 000 000 钱(因五者皆比千乘之家)而同时
千足羊即 250 头 千足彘即 250 头 马二百蹏即 50 头 牛蹄噭千即 167 头	皆年息二十万,即 200 000 钱

∴ 按羊、彘而算,则 $250:2\,000 = 200\,000:x$, $x = 1\,600\,000$,即等贷本 1 000 000 钱;每年可生息钱之数。而 $1\,600\,000/1\,000\,000 = 160/100$,即等年借债之年息率。
以同法按马算之,则得 800 000,年息率 80/100;按牛算之,则为 3 000 000,年息率 300/100。

① 汉明帝:《东观汉纪》册一,卷十一,列传六,中华四部备要版。
② 《史记》卷三〇,平准书。又见《通志略》卷一八〇,游侠一,三五叶,武英殿九通版。

以此推知秦汉利贷家所放之债，其年利率，盖在300%与80%之间。求其中数(medium)则 $M=(80+300)/2=190$。

其时子钱家之利率，约在加二之谱，不可谓不高矣。此其私贷钱利率也。至贷款利息如何，想当与钱利相若，惟史无所书，阙之可也。

(2) 汉私贷谷息率

汉代官家贷谷无息，已如前节所言。至于私人贷谷，则有息，惟其息率不可考。

(3) 汉官贷款息率

汉初官贷利率，未尝见诸法令。至王莽时，乃下诏令，凡民借资本治产业者，官库贷之，"除其费所得，受息不过岁什一"[①]。是新莽时代，明定官家贷款息率百分之十(有时且不至)，其利率甚低。惟考此令有效期间，不过十余年(公元8—23年)，其在两汉时甚暂也。

(4) 汉私贷款息率

按之晁错《贵粟疏》所言，谓为"倍称之息"，[②]故可据此断言，而汉民间高利，经常至加一之谱(100%)。若在特殊情形之下，而尚不止此。景帝三年，无盐之息，一岁什倍，[③]其利率之高，真可惊人。至于东汉，则不可考，但其利率之高，亦可自桓谭上世祖一疏推知之。疏云："富商大贾，……收税与封君比入。"[④]利率不高，富商大贾，亦不为"众人慕效"矣。但史无详载，不能知其究竟至如何程度。

---

① 《汉书》卷二十四下，食货志一，十三叶，五局合刻"二十四史"版。又见《通典》卷十一，食货十一，平准二，九叶，武英殿版。又见《文献通考》卷二十，市。

② 《汉书》卷二十四，食货志。又见《通典》卷一，食货一，田制上，七叶。徐天麟：《西汉会要》卷五十，食货一，劝农桑，聚珍本，五叶。又见《八编经世类纂》卷四十二，经济编，六曹，户曹，三叶。

③ 《史记》卷一二九，货殖列传。

④ 《后汉书》卷二十八，桓谭传。

总之，秦汉两代之民间息率，高至加十而上，低亦将倍称。而一般之利率，约为加倍，即年率百分之百。此加倍之年利率，实当时之经常现象。至其余之利率，不过为一时之事，不足代表秦汉也。

第三节　秦汉利息之所以高低之原因及影响

（1）秦代高利之原因及影响

秦汉之高利，其剥削之对象为贫农，故欲求高利之原因，不能不自此着眼。秦承战国之后，其战国之经济趣势，商业发展，土地集中，小农没落，依然前进。因秦之统一而益速。于是前者之果，复为今者之因。秦以政治权力推行其土地私有与自由买卖，以及佃农制度。[①] 而社会贫富之不均遂益甚。所谓“庶人之富者累巨万，而贫者食糟糠”[②]，贫富愈不均，而贷利之高亦愈不可遏。此外租税征徭之苛暴，亦当为高利之原因。“始皇收泰半之赋，发闾左之戍，男子力耕不足粮饟，女子纺织不足衣服。”[③]而二世更以度支不足，“下调郡县，转输菽粟刍藁，皆令自赍粮食。咸阳三百里内，不得食其谷”[④]。故贫农之唯一生路，乃赖贷于富商大贾，而高利贷所以行。总之，财富土地之集中为经济之原因，[⑤]租税征徭之苛暴为政治之原因，二者为秦代高利之原因，与战国高利之原因相同，惟有程度之差别耳。秦较战国益简单化，益尖锐化。

（2）汉代利率高之原因

a. 土地分配不均　当时高利贷之借者，据前节之研究，知其皆为贫

---

① 陶希圣：《西汉经济史》，第一章。
② 《汉书》卷二十四，食货志。
③ 《汉书》卷二十四，食货志。
④ 《史记》卷六，秦二世本纪。
⑤ 马非百：《秦汉经济史资料》，《食货》二卷十期。“秦始皇的统一六国，完全是商业资本发达的成绩。”

农，而贫农何以发生，盖由于土地兼并。据梁任公所考，汉初因刘项之扰，人口大减，全国不过五六百万。但自文景以后，迄于孝平，休养生息二百年，人口总数，乃由五六百万进为五千九百万，殆增十倍。及王莽更始乱后，锐减至二千一百万，几去三之二。东汉二百年，至五千万。[①] 同时前汉耕田约八百万顷[②]，而后汉则略减为七百万顷。[③] 但就人口与土地数目比较，即假空土地平均分配于人口，则汉初每人可得百亩之谱，西汉之末每人可得十三亩有余；后汉之初，每人可得三十余亩，汉末则减为十四亩有奇。即以最少之数十三亩而论，一人耕种，亦略可以维持生活矣。然两汉兼并之风甚盛，此所以致贫富悬绝，而贫者不能不仰富者之假贷以度日。借贷盛行，利率乃高。关于兼并之事实，史载甚多，例如前汉之萧何"贱强买民田宅数十万"[④]，淮南王太子迁及女陵"夺民田宅"[⑤]，衡山王"数侵夺人田，坏人塚，以为田"，红阳侯"占垦草田数百顷"[⑥]。又如后汉之马防兄弟，"资产巨亿，皆买京师膏腴美田"[⑦]，侯览"前后请夺人宅三百八十一所，田百一十八顷"[⑧]。更自其地亩数量之大者观之，"孝成帝时，张禹占郑白之渠四百余顷，他〔人〕兼并者类此"[⑨]。哀帝时，董贤之赐田二千余顷。[⑩] 王莽时，诏称"强者规田以千数，弱者曾无立锥之居"[⑪]。后汉樊重"广开田土三百余顷"[⑫]。光武时，南安王康"私田八百顷"[⑬]。凡此皆见当时土地分配之不均，与夫贫富之霄壤也。故董仲舒述秦汉贫民

---

① 梁启超：《饮冰室文集》，第四十四册。

② 《汉书》卷二十八，地理志。

③ 《后汉书》卷一〇九，郡国志。

④ 《史记》卷五三，萧相国世家。

⑤ 《汉书》卷四十四，淮南王安传。

⑥ 《汉书》卷七十七，孙宝传。

⑦ 《后汉书》卷五十四，马援传。

⑧ 《后汉书》卷一〇八，宦者侯览传。

⑨ 《通典》卷一，食货一，田制上。（家红按：原文注释仅为"见《文献通考》"，经查不实，今改之。）

⑩ 《汉书》卷八十六，王嘉传。

⑪ 《汉书》卷九十九，王莽传。

⑫ 《后汉书》卷六十二，樊宏传。

⑬ 《后汉书》卷四十二，光武十王传。

苦况，谓："贫者无立锥之地。……常衣牛马之衣，而食犬彘之食。"[①]

b. 租赋徭役之不当　汉代农人，因权豪之兼并土地，已渐趋贫困，更加以政治之不良，租赋征徭之不当，乃造成一时之急需，故晁错论农人之疾苦，则谓"急政暴虐，赋敛不时，朝令而暮改"，此实农人所最苦者。[②] 而宣帝时桓宽论之谓"今田虽三十"[③]，"而以顷亩出税，加之以口赋更繇之役，率一人之作，中分其功，农人悉其所得，或（尤）〔犹〕不足。……是以百姓疾耕力作而饥寒遂及己也"[④]。至后汉孝桓帝时，河南郡人犹有刺赋之歌。[⑤]

c. 天灾之害农　此外贫农急需构成之原因，即为"水旱之灾"[⑥]，"凶年饥馑"[⑦]。盖贫农之土地甚少，即收获甚丰，已难以维持其生计。今更益以天灾，破坏其农产，迫以暴政，加急其轧压，于是除乞贷于商人富豪（大地主）之门，别无他法，以济燃眉，此所以止渴之鸩（高利贷）乃能发生。

(3) 汉代高利率之影响

汉代高利率之影响，约有四点：

a. 小农破产　高利贷之借者——农人，因利率之高，直接蒙其损害。其结果甚至"卖田宅，鬻子孙，以偿责息"[⑧]。农人田产，已为高利贷者之所有，农人之子孙遂成高利贷者之奴隶。[⑨] 据后汉王符观察，天下工商人口什倍于农夫，游手又十倍于工商人[⑩]，虽其言未免过当，而土地集中，奴

① 《汉书》卷二十四，食货志。
② 《汉书》卷二十四，食货志。
③ 按孝景二年，令民出田租三十而税一，故桓云如此。
④ 《盐铁论》卷上，未通第十五，十四叶。
⑤ 常璩：《华阳国志》卷一，四叶，四库备要版。
⑥ 《汉书》卷二十四，食货志上。
⑦ 《盐铁论》卷上，未通第十五，十四叶。
⑧ 《汉书》卷二十四上，食货志上。
⑨ 《后汉书》卷二十八，桓谭传。
⑩ 《后汉书》卷四九，王符传。

隶盛行,乡村人口之渐集中于都市,商人资本之兼并农人,农人之日趣末路,则可自贷利之高而断言也。

b. 商人资本集中　高利贷之贷者为商贾,故利率之高,其直接受利者为商人。自汉初至汉末,商业发达之趣势,实甚显然。其理由固不一,而高利贷资本之促进商业资本之发达,亦为不可掩之事实。例如汉初丙氏铁冶,贳贷且行贾,而富累巨万。[①] 毋盐氏以贷子钱而得息十倍,用此富埒关中。[②] 成、哀间,成都罗裒亦以赊贷郡人,赀至巨万。[③] 此皆其荦荦大者。至其余则富商大贾,自千万至巨万,代有闻人,不胜其述。[④] 甚至天子皆礼重之[⑤],足见汉代商业之盛。故汉末仲长统之昌言,曾极力描写两汉商人之富厚权势[⑥],高利贷与有力也。

c. 高利贷者之势大　因利率之高,而贷者同获大利,故于时乃形成新社会中有势力之一阶级,即所谓高利资本家。此亦受高利影响所成;其详情俟于下节述之。

d. 反高利之思想与法制　因贷利过高,急速分解社会,使大众之农民陷于不安之地位,于是社会生一反响,即反高利之思想及法制。容于第五节详述之。

第四节　秦汉高利贷者之情势

自前节所论,吾人已知秦汉之高利,乃影响高利贷者之势力发展。此可以由两方面观察之:

(1) 自贷者之收入方面观察　司马迁谓:"秦汉之制,列侯封君租税,

① 《汉书》卷九一,货殖列传。
② 《史记》卷一二九,货殖列传。
③ 《通志》卷一八〇,游侠一。
④ 马非百:《秦汉经济史资料》,《食货》二卷十期。
⑤ 《文献通考》卷十四,武帝以孔仅领大司农,桑弘羊以贾人之子为御史大夫,王莽以张长叔、薛子仲为纳言士。
⑥ 《后汉书》卷四九,仲长统传。

岁率户二百,千户之君则二十万,朝觐聘享出其中。庶民农工商贾,率亦岁万息二千,百万之家,即二十万,而更繇租赋出其中,衣食好美矣。”又谓:“子贷金钱千贯(即百万钱),亦比千乘之家。”[①]而景帝时无盐氏之钱千万[②],一年而获息十倍,则为万万。百万可比千乘,万万钱可比十万乘。天子至尊,不过万乘,今乃十万,其势可知。成、哀间,罗裒之赀千余万[③],是其亦与国君比势矣。至后汉高利贷者,虽较前汉稍衰,然一债主对于郎署之官,放债至数十万[④],此债主之富可想,或可亦比千乘。至樊重放债亦数百万,尚有余产。[⑤] 是其富力亦几几乎万乘之君矣。[⑥] 故桓谭疏谓“富商大贾,与封君比入”也。[⑦]

(2)自领主之乞贷方面观察　汉代(秦代无此纪录)封君,本有固定封地,在其封地上,抽取赋税,以为消费。但每以商业与高利之关系,渐把封君之纳税农户,破坏为奴隶与佃农及雇农,故封君收入乃随商业高利贷资本之蓄积,而有递减之倾向。入不敷出,乃有破产之虑。[⑧] 是以《汉书》载:景帝之时,一旦“吴楚之兵起,长安中列侯封君行从军旅”,“非赍贷于子钱家不可”。此与今日国家作战筹款,向银行界借债相仿,足见子钱家之财力,能影响当时政治,其力之大可知。而子钱家竟“以为关东”与吴楚之战,“成败未决,莫肯与”。今日银行界,以军人作战而借债,多不敢违,而此则不从,其力在当时与政府相较,比今日之银行势力与政府相较,犹有加也。“无盐氏出捐千金贷,其息十之。”此其允与借债,非竟与之,

① 《史记》卷三〇,平准书。《通志》卷一八〇,游侠一,三五叶。《通典》卷十一,食货十一,平准,十一叶。

② 顾炎武:《日知录》卷十一,黄金,“汉以一斤为一金”。《汉书》卷二十四,食货志,黄金一斤直万钱。今按《史记》,无盐氏曾贷千金,恰等千万钱。

③ 《汉书》卷九一,货殖列传。

④ 《后汉书》卷八一,独行列传之陈重传。

⑤ 《后汉书》卷三二,樊宏传。

⑥ 按韩克信《两汉货币制度》(《食货》一卷十二期)列表,武帝以后,行三官五铢钱。成、哀间,罗裒之千余万,比之司马迁所云秦及汉初之十二铢准位钱,应小一倍。后汉亦行五铢钱,则郎署及樊宏之钱数,亦应按比例折合秦及汉初十二铢钱,然后比较。

⑦ 《后汉书》卷二十八,桓谭传。

⑧ 陶希圣:《西汉经济史》,第三章。

乃有重利之保证而出借也。“三月，吴楚平，一岁之中无盐氏之息十倍，用此富埒关中。”[①]以此子贷钱益富，而封君益弱，不能不“低首仰给”于富商大贾矣。[②] 惟此势至东汉而少杀，《潜夫论》云：“自封〔君〕王侯、贵戚、豪富，尤多有之(民)，举骄奢以作淫侈，高负千万，不肯偿债，小民守门号笑啼哭，曾无怵惕惭怍哀矜之意。”[③]是放债者反乞怜于封侯领君之门矣。

由此二方面之观察，一方面由数字比较子钱家与天子诸侯之财力，一方面更自诸侯与子钱家之借债实例，足知高利贷者之权势赫赫，为一时社会上政治上之重心，而为读史者所不可忽视者也。然此之史料，皆限汉代，于秦代之高利贷者未曾见诸史载，是为缺憾。但秦代通邑大都，略计皆有子贷钱千贯[④]，倘以前述千贯比千乘之例而论，则是每都每邑皆有子贷之“素封”在。[⑤] 其权势之在秦亦不为不大矣！

第五节　秦汉关于利息之思想及法制

（1）秦之思想与法制

秦代关于利息思想，无文字之纪载，亦即无可考。惟于军人之放债，则有令限制[⑥]，则国法之禁止可知。

（2）汉之思想

汉代反贷借取利之思想，与反对高利之思想，可以晁错与桓谭为两汉之代表，而并观之。

---

① 《汉书》卷九一，货殖传。
② 《史记》卷三〇，平准书。
③ 《潜夫论》卷五，断讼十九。
④ 《史记》卷三〇，平准书。
⑤ 《史记·货殖列传》谓：商人大地主，“无秩录之奉、爵邑之人，而享乐比封君者，名为素封”。
⑥ 《韩非子》卷一，爱臣第四。

晁错之疏,首申农为邦本之意;次言农人之工作艰勤而生活辛苦,商贾之工作暇逸,而生活优越;次言其不均病源在商人之兼并农人(以高利贷之手段);最终言国家对于商贾兼并,不能以法律平治之,当以贵粟重农之法,扶殖农人,则高利贷商人自衰。[1] 其意实未尝反对取利,亦未尝反对高利,惟以高利之兼并农人乃反对之。其治之之法,不重限息之法律,乃重在以国家之力,增加粟之使用价值,而使农人得利以强,不致复仰给商人而受其剥削矣。

更观桓谭之论[2],乃谓富商大贾以资本放债于农人,使之经营,而己坐食其利子,是其不劳而获,实为不当得利,故应设法消灭之。其消灭之法,乃令诸商贾自相纠告,其资财中之非本人劳力所得者(利息当然为其对象),皆与告发。如此则放债之人少,而农人增多,地力尽矣。是其意实反对利息之存在,其理由以为利息非劳力之所得,故不得存在也。而其取消此种所得之法,盖抄袭武帝时杨可"告缗"之法,使人纠告而国家为之执行没收也。

总观汉代之利息思想,则反对利息、反对高利者二者并存。其理由皆因病农,而同时尤以桓谭之论为更进一步,不徒以其病农,且以其无劳力之代价。其方法则一在消极的减利,一在积极的禁断,而其借重国家之政治力量则一也。

(3) 汉代之法制

汉代于贷利所定法制;可分四种:

官贷利息　汉官贷除贷粟赈贫不取息外,贷金(王莽时)则取息什一。(详见前节。)

法定利率　按《汉书》"王子侯表"考之,汉律原有法定借贷利率之制

---

① 《古今图书集成·食货典》卷八九四,荒政部,艺文一之三,贵粟论。
② 《后汉书》卷二十八,桓谭传。

定,惟汉律失传,故史书但存“取息过律”之语[①],而不知其息率究系若干。后世法律,皆有法定利率之条文,当即肇端于此。

限制利率之税　汉文帝以前,对于以子息出贷人已有占租之率,惟其租率高下,则不可考。[②] 至武帝元狩四年,复算缗钱,令贷者自报其贷本数目,按贷本每二千出一算(二十钱),即百分之一税率也。其有匿而不报,报而不实者,罚戍边一岁,没入资本。有告者,以其钱数之半与告者。[③]

限制官款利贷　官吏以公款私贷于民,以取其利,乃当时法律禁止之事。其或因此而罹极刑。在前汉,例如韩延寿与萧望之之互相告讦,即持此为辞。而延寿即以在东郡“取官钱帛,私假繇使吏,及治饰车甲三百万以上”,弃市。[④] 又如汉窦环亦坐“禀假贫人,徙封罗侯,不得臣吏人”。[⑤] 更观虞诩奏云:“永平、章和中,州郡以走卒钱给贷贫人,司空劾案,州及郡县皆坐免黜。”[⑥]足见官款放债,乃两汉法律所不许也。惟明文不可考为可异也。

由此四者,已可明见当时政府对于利息之态度,决无禁断利息之意,惟设法限制其高度(约为什一),不使利贷者得利过多,而致兼并农民耳。所以汉代有此反高利之思想与法制者,要不外为当时高利贷之反响也。

---

① 《汉书》卷十五,王子侯表。“旁光侯殷坐贷子钱不占租取息过律,会赦,免。”师古注:“以子钱贷人,律合收租,匿不占,取息利又多。”“陵乡侯欣建始二年坐贷谷息过律免。”

② 《汉书》卷十五,王子侯表,旁光侯殷下师古注,详前注。

③ 《汉书》卷二十四下,食货志下。

④ 《汉书》卷七十六,韩延寿传。

⑤ 《后汉书》卷五十三,窦融传。

⑥ 《后汉书》卷八十八,虞诩传。

第三章　魏晋南北朝考(220—588年)

第一节　魏晋南北朝利息之种类及其收付

自汉之统一局散,至隋之统一,三百七十年间,晋虽一时统一,然为时甚暂,其余皆在分裂之期。欲考察此时之借贷利息问题,史料最窘。兹仍按前章之分类,就已得之史料分述之。

(1) 贷谷

魏晋南北朝社会,经过"长时间变动的结果,发达了的货币经济,仍返于自然经济"[①]。直至隋唐,而货币之使用复盛[②]。此时谷物克尽货币之职务,故研究此时之贷借利息,谷物贷借,甚可注意。谷物贷又可分为官贷与私贷二种:

a. 官贷　官贷民粟,在此期间,数见不鲜。魏文[③],晋武[④],晋惠[⑤],宋

---

① 李旭:《魏晋南北朝政治经济中心的转移》,《食货》一卷一期。

② 《文献通考》卷八,钱币考一。

③ 《三国志·魏书》卷二,文帝本纪。黄初"六年春二月,遣使循行许昌以东,尽沛郡,……贫者振贷之"。

④ 《晋书》卷三,武帝本纪。泰始七年"六月大雨,河洛溢流……有诏振贷"。

⑤ 《晋书》卷四,惠帝纪。"元康五年,荆、兖、豫、青、徐等六州大水,诏遣御史巡行振贷。"

文①，宋武②，后魏孝文③，恭帝④，皆曾贷粟于民，以振饥荒。晋之邓攸守吴郡⑤，王蕴守吴兴⑥，王羲之为会稽内史⑦，桓元为豫州刺史⑧，北魏之薛虎子为徐州刺史⑨，李元护为齐州刺史⑩，北齐李文忠之刺光州⑪，亦皆曾奏贷粟谷于民。皆未闻有息，是当时官贷贫民之粟无息也。

b. 私贷　私人贷粟之事，见诸当时史册者，有北魏之樊子鹄“除殷州刺史，属岁旱俭，子鹄恐民流亡，乃勒令有粟之家贷贫者”⑫。北齐之苏琼，为清河太守，“天保中，郡界大水，人灾，绝食者千余家。琼普集郡中有粟家，自从贷粟，悉以付饥者”⑬。南朝陆验，自邑之富人处借得钱米，“验〔借〕以商贩，遂千金”⑭。私人之贷谷物，亦不闻有息，或即无息也。

(2) 贷款

谷贷之无息，已如上述，兹更观钱贷。亦可自官、私两方面察之：

a. 官贷　南北朝恒见官贷民款之事。例如齐武成帝“河清三年，敕

① 《通典》卷十二，食货十二。“元嘉中，三吴水潦，谷贵人饥，……即以贷给。”

② 《宋书》卷一，孝武帝纪。元嘉十八年二月诏曰：“……凡遭寇贼郡县，……务尽劝课贷给之，宜事从优厚。”“孝建二年八月辛酉，三吴民饥，……诏所在赈贷。”又“（大明）二年春正月，……诏：去岁东土，多经水灾，春务已及，……粮种所须，以时贷给。”又，大明七年九月诏曰：“近炎精无序，苗稼多伤。今二麦未晚，甘泽频降，可下东境郡，勤课垦殖，尤弊之家，量贷麦种。”

③ 《魏书》卷一百一十，食货志。“（太和）十一年太旱，京都民饥，加以牛疫，……令主司审核，开仓赈贷。”

④ 《隋书》卷二十四，食货志。“后周太祖作相，创制六官，司仓掌办九谷之物，以量国用，足即蓄其余以待凶荒，不足则止。余用足，则以粟贷人，春颁之，秋敛之。”

⑤ 《晋书》卷九〇，良吏传。邓攸“吴郡阙守，帝以授攸。郡中大饥，攸表赈贷，未报，乃辄开仓”。

⑥ 《晋书》卷九三，外戚传。王蕴“补吴兴太守，……属郡荒，人饥，辄开仓……大振贷之。”

⑦ 《晋书》卷八〇，王羲之传。“为会稽内史时，东土饥荒，羲之辄开仓赈贷。”

⑧ 《晋书》卷九十九，桓元传。“时会稽荒，元令赈贷之。”（家红按：桓元原名玄，为避讳而改之。）

⑨ 《魏书》卷四十四，薛野腊传。“子为徐州刺史，州内遭水，二麦不收，上表请贷民粟。”

⑩ 《魏书》卷七十一，李元护传。“为齐州刺史，值州内饥俭，……表请赈贷。”

⑪ 《北齐书》卷二十二，李元忠传。“天平四年，除使持节光州刺史。时州境灾俭，人皆菜色。元忠表求赈贷，俟秋征收。被报，听用万石……遂出十五万石以赈之。”

⑫ 《魏书》卷八〇，樊子鹄传。

⑬ 《北齐书》卷四十六，循吏传，苏琼传。

⑭ 《南史》卷七十，陆验传。

人间养驴,催买甚切;……(东郡太守孟业)权出库钱,贷人取办"[①]。又后主天统、武平中,官家尝放债于胡商而取息。[②] 除孟业贷款不详其有无利息外,北齐官贷似皆为有息之债。由此可以概见北朝官贷之为息债,且借债者之为商人。

b. 私贷　关于此时私人钱贷,如自其贷者而分,则可分为团体贷及个人贷二种,而团体贷中,又可分为社会贷及寺庙贷二种。若自其借贷办法而分,则有质贷与非质贷二种。

① 社贷。《北史》载有"初晋相刘裕微时,负社钱一万,违时不还,……执而征焉"[③]。于其社之组织不详,而其为多人之团体,则可断言,[④] 或与今日之农村信用合作相似。故其自社借债者,有定期,至期必还。过时不还,则同社之人可执以征索赖债。社贷盖为无质之债,其有息与否,则不可考。

② 寺院贷。寺院利贷,盖自此时代始。(魏晋六朝佛教寺院中,即有一种财富之蓄积,名曰无尽藏。据《维摩经·佛道品》云:"祐利众生诸贫穷者,现作无尽藏。"而《释氏要鉴》云:"寺院长生钱,律云无尽财,盖子母展转无尽,故……《十诵律》云:以佛塔物出息,佛听之。僧祇云:供养佛华,多听转卖,入佛无尽财中。"是佛教寺院假借佛菩萨慈悲名义,在外募化之金钱,乃用为资本,增殖庙产,而其增殖之方法仍不离放债。其有质无质,利息之高低,皆不可知。)[⑤]要之,寺院利贷滥觞于此时代,乃一可注意之现象。

③ 个人贷。个人贷款,可以质贷。其质有以奴隶者,例如南齐"扬州

---

① 《北史》卷八十六,孟业传。
② 《北史》卷三〇,卢潜传。"逮天统武平中,……诸商负官责(债)息者……"
③ 《北史》卷二十六,刁雍传,九叶,五局合刻板。
④ 按社乃乡邻组织,谋其公共事务者也。《汉书》:"兖州刺史浩赏禁民私所自立社",谓民或五家、十家共为田社也。晋远公曾组白莲社。
⑤ 刘兴唐:《唐代之高利贷事业》,《食货》一卷十期。

主簿顾测以两奴就(陆)鲜质钱”①。有以书者,例如梁之庾诜。② 当时质钱之法,北朝无所闻,而南朝则颇盛行。故于南齐萧坦之得罪之时,官家“仍遣收之,检家赤贫,唯有质钱帖子数百”③。或于当时江南已有如今日当铺相似之质当机关矣。其质贷不闻有息,然名义上之无息,是否实际上有息,仍难断言也。(因可折估质物以为利息。)个人贷之无质者,则江南江北皆尝有之,其贷款系为息债。故《南史》顾宪之传,载其论农事曰:“贱取庸而贵举责。”④而《通志·后魏纪》又载当时诏云:“每因发调,逼人假贷,大商富贾,要时射利。”⑤借债者多为农人,而放债者则多为商人及官僚。(详后。)

要之,魏晋南北朝之谷贷,无论其为官为私,其被贷者皆属贫饥,未有取息者也。至于钱贷,则大宗皆官贷于商贾,而商贾更贷于农人,皆月息之债也。惟于社贷、寺院贷,及质贷,不知其有息与否。其限期盖非一定(俟于次节详论),盖官贷则由命令定之⑥,在私人则由契约定之。所有以上之各种贷借,在当时契约制度通行之时⑦,盖皆有契约为其债权债务之根据也。

第二节 魏晋南北朝利息率之高低

自前节之研究,可见自后魏之初至北周之末,南北贷借金钱者,无论其为官为私,皆系有息之债。至于其息率之高低,当于此节中研究之。惟于魏晋两代,其利率高低之纪载无所见,不得已姑阙之。

① 《南齐书》卷三十九,陆澄传,七叶。鲜为澄弟。

② 《梁书》卷五十一,庾诜传,十四叶。

③ 《南齐书》卷四十二,萧坦之传。

④ 《南史》卷三十五,顾宪之传。

⑤ 《通志》卷十五上,后魏纪十五上,和平二年诏。

⑥ 《北齐书》卷四十七,毕义云传。云:“义云从父兄僧明,负官债。先任京畿长史,不受其(盖谓义云)属,立限切征,由此挟嫌。”

⑦ 按《宋书》顾觊之、王弘各传,《北史》李灵、苏琼各传,《南齐书》崔慰祖传,皆载有焚烧契券之事。

(1) 南朝利率之高

关于南朝利率之高,可自顾宪之《西陵牛埭增税议》中见之。其议谓:“蚕事弛而农业废,贱取庸而贵举责,应公赡私,日不暇给,欲无为非,其可得乎?”[①]于此见国家税制之不良,影响农民之废业,因其废业,乃受高利之盘剥。惟其所谓贵举责,但言其高,究不能断定其利率几何?此于北朝之史料可求也。

(2) 北朝利率之高

北魏高宗和平二年春正月下诏曰:“刺史牧民,为万里之表,自顷每因发调,逼民假贷;大商富贾,要时射利,旬日之间,增赢十倍。”[②]至北齐幼主承光年间,则因上之暴征,与高利贷者以剥削之机会,“因而贷一而责偿十倍”。[③] 由此二事,吾人可以断定北朝利率之高,达于极点。其所云“旬日之间,增赢十倍”,足见当时之利贷,非为平时以年为期之利贷可比,乃依临时所定契约规定期限,以利率过高,恐其长将使借者无力偿还,并本亦损之,故其期至短,或即为旬日,而其利已在十倍矣。十日之利息十倍,是每日加倍之利率,若以年利率计之,则为百分之三万六千五百(36 500%)。此种高利,旷代罕见,亦历史中之异迹也。至北齐之贷一责十,虽未言期限,然其与旬日加倍者,当相差不远。此皆借政治力量而为之投机贷款,恰与无盐氏相类(见前),非经常之现象也。

总之,此时之利率,经常(即)〔极〕高,惟利率几何,则不能断言,但知其最高纪录已达年利率百分之三万六千五百。此实乱世特有之象征。惟于此应特与注意者,即当时息贷,如上节所述,本有官贷商及商贷农二种,而于兹所见之高利率,则皆商贷与农人之纪录。由此观之,当时农人,实

---

① 《南史》卷三十五,顾宪之传。
② 《魏书》卷五,高宗纪,六叶。
③ 《北齐书》卷八,帝纪八,幼主纪。

放高利贷者唯一之借贷对象也。

第三节 魏晋南北朝利率所以高低之原因及影响

关于魏晋利息之高低,已如前述,不知其高下,对其因果亦无从考究。然自南北朝高利因果之研究,未始不可以印证魏晋,而推测其高下也。

(1)南北朝利率所以高之原因

此时利率高之原因,不外三端:

a. 官僚垄断资本　南北朝时,社会资本之积累,据史考之,有三种不同之类型。第一种即纯粹商人资本。此种资本,自后汉之末,已见衰落(见前章)。直至此时,虽自后魏高宗诏书[①],及后周太祖诏书[②],皆见有富商大贾字样,但此外更不见有大量纯商人资本之纪录。是此时纯粹商人资本仍不盛也。第二种为寺庙积累之资本。例如《北史》载:"道人道研……统资钜万,在郡多有出息。"[③]惟此之资本,方在萌芽时代,于社会资本中占极少数。第三种乃官僚之资本。盖此时政治龌龊,社会(秩)〔失〕序,欲于此而经营商业或积累大量之资本,皆非假诸政治力量为之护符不可。故一时资本多入于官僚垄断形势之下。宋之顾觊之为桓温及殷仲堪参军,其子绰乃"私财甚丰"。[④] 南齐之崔庆绪为梁州刺史,"梁州之资,家财乃至千万"。[⑤] 李元忠之家素贵,故多殖财。[⑥] 陈元康为齐高祖相府功曹参军,乃"溺于财利,受纳金制,不可胜记。放责交易,遍于州

---

① 《魏书》卷五,高宗纪,和平二年春正月诏。
② 《周书》卷二十三,苏绰传。
③ 《北史》卷八十八,苏琼传。
④ 《宋书》卷八十一,顾觊之传。
⑤ 《南齐书》卷五十二,崔慰祖传。
⑥ 《北齐书》卷二十二,李元忠传。又见《北史》卷三十三,李灵传。又见《筹济编》卷十二,借贷。

郡”[1]。由此可见,当时官僚拥有大量之资本,同时亦惟有官僚有大量之资本。资本既入于集中状态,于是社会一般之需要益感缺乏,因以社会之贷利加高。更进一步言之,最适宜于官僚资本之经营殆为放债,而官僚既有可以居奇之资本,更加以政治势力之保障索偿,而彼之放债利率益高。(盖平民放债,利钱愈高,则债务之危险性愈大。)故南北朝之资本入于官僚垄断之形势下,借贷利率所以高也。此就利贷之贷者方面分析而见利高之原因,以下更就利贷之借者方面分析之:

b. 农业衰退　魏太祖时,以兵革并起,民废农业。[2] 后魏明帝亦有移民就食山东之事。[3] 北周苏绰条奏之六,曰“均赋役”,曾谓:“平均者,不舍豪强而征贫弱,不纵奸巧而困愚拙。”[4]豪强奸巧,谓官僚商人也;贫弱愚拙者,谓农民也。农业不振,遂成贫弱,贫弱构成贷本需要之第一原因。

c. 租赋徭役之暴急　自魏晋以来,以至于唐,皆曾由公家授夫以田,此其农人生活本应进步,但“因授田之名,而重其赋户,田之授否不常,而赋之重者已不可复轻,遂至重为民病”。[5] 此在南北朝为尤甚,而且南北朝时,战争频仍,丧乱弥甚,飞粮挽秣,征敛益为烦急。故南齐顾宪之谓:“山阴一县,课户二万,其资不满三千者殆将过半。刻又刻之,犹且三分余一。凡有资者,多是士人复除,其贫极者,悉为露户、役民,三五属官,盖惟分定。”[6]“百端输调,又则常然。比众局检校,首尾寻续,横相质累者,亦复不少。一人被摄,十人相追;一绪裁萌,千蘖互起。”[7]其税制之劣,有如此者。陈代则“税江税市,征取百端”。[8] 南朝之租税苛杂如此。至于北

① 《北齐书》卷二十四,陈元康传。
② 《魏书》卷二〇一,食货志一。
③ 《通典》卷一,食货一。
④ 《北史》卷六十三,苏绰传,三叶。
⑤ 《文献通考》卷三,田赋考三。
⑥ 意义详鞠清远著《两晋南北朝的客门生故吏义》(附部曲),《食货》二卷十二期。
⑦ 《南齐书》卷四十六,顾宪之传。又见《南史》卷三十五,顾宪之传。
⑧ 《通志》卷十四,陈纪。

朝,则魏之刺史"每因发调,逼民假贷"。[①] 北齐则天统、武平"征税烦杂"。[②] 迨于承光,则"帝特爱非时之物,取求火急,皆须朝征夕办"。[③] 赋敛日重,徭役日烦,故《通志》谓:"爰自邺都及诸州郡,所在征税,百端俱起。凡此诸役,皆渐于武成,至帝而增广焉。"[④]北周苏绰亦曾为文示民谓:"官课之绢,如其不预劝戒,临时迫切,复恐稽缓,以为已过,捶扑交至,取办目前。"[⑤]南北朝租赋之苛暴,于兹已见一斑。农民原即贫困,更加此租赋迫之,而农民窘急,益非假贷无以为生。此乃构成当时贷本需要之第二原因。

此三者,实为南北朝时利高之直接原因,若更加以战争灾荒,而此因子之力益烈,其利率亦当益高。

(2) 南北朝利贷高之影响

因利率之高,当时即有四种不同之影响:

a. 贫农破产　利贷之借者多为农民,农民所以借贷之原因,以其农业不振。而借贷虽可以暂为生计,然后此高利债所负日重,终至破产。故高利之影响,必也"蚕事弛而农业废"[⑥],"编户之家,困于冻馁"[⑦],"人力既殚"[⑧],"欲无为非,岂可乎"?[⑨] 农民破产之结果,一方面造成社会之乱因,盗贼遍地,一方面卖为奴婢;再一方面,乃"依于大姓,投于屯封,为客,为义附,为私附"。南北朝荫附户口之所以繁盛,其原因固多,而高利贷亦其原因之一。[⑩]

---

① 《魏书》卷五,高宗纪第五,和平二年春正月诏书。
② 《北齐书》卷四十二,卢潜传。
③ 《北齐书》卷八,帝纪八,幼主纪。
④ 《通志》卷十六,北齐纪十六,七十八叶,五局合刻版。
⑤ 《周书》卷二十三,苏绰传太祖所为六条诏书。
⑥ 《南史》卷三十五,顾宪之传。
⑦ 《魏书》卷五,高宗纪第五,六叶,五局合刻版。
⑧ 《通志》卷十六,北齐纪十六,七十八叶。
⑨ 《南史》卷三十五,顾宪之传。
⑩ 鞠清远:《两晋南北朝的客门生故吏义》(附部曲),《食货》二卷十二期。

b. 官僚资本之扩大 高利贷者,本为官僚、商贾,故利高之结果,直接与彼等以厚利。观后魏诏云:"上下通同(为上者之官僚,及为大者之商贾),分以润屋,……豪富之家,日有兼积。"①然其得利之多,仍推"当势者"之官僚也。② 何则?因农人假官僚商人之高利贷,而商人亦有假官僚之高利贷者,惟官僚为高利贷之单纯贷方,无时假人之高利贷,故惟官僚得利最多,其资本之扩大亦愈速。至于寺院,亦为当时利贷资本来源之一,其资本当然亦因利率之高而扩大,惟在其萌芽时代(魏晋以前,未闻有寺院之放债),资力远不若官僚资本之大,完全为政治机关之附庸。故商人受高利之赐,不能与官僚同比,而寺院受利之惠,尤不能与之同日而语。

c. 高利贷者之势盛 此当详述于次节。

d. 反高利贷之思想及法制 此为高贷必然之反响,其详当述于第五节。

(3) 魏晋利率高低之推测

以上为南北朝高利之因果分析,经此分析所得结果,更可以为尺度,而测量与南北朝时间最近之魏晋,而求得其时利息之高低。南北朝利率所以高,有其原因三,兹分验于下:

a. 魏晋是否有官僚垄断资本之情势? 魏代自历史考察,不闻有官僚资本存在,至于晋代,则数见不鲜。王珣为司徒,颇积财物。③ 王戎晋之名士,而性好兴利,"积实聚钱,不知纪极"。④ 刘胤为平南将军,都督江州诸军,领江州刺史,"大殖货财,商贩百万"。⑤ 孙盛为长沙太守,颇营赀货。⑥ 甚至宗室义阳成王望之孙奇,"亦好蓄积,不知纪极,遣之部使,到

---

① 《通志》卷十五上,后魏纪十五上,五十七叶。
② 《北史》卷八,齐幼主纪。
③ 《宋书》卷四十二,王弘传。
④ 《晋书》卷四十三,王戎传。
⑤ 《晋书》卷八十一,刘胤传。
⑥ 《晋书》卷八十二,孙盛传。

交广商货”。[1] 晋时官僚资本之盛,有如此者。

b. 魏晋是否有农业之衰退? 魏于武帝黄初之时,即募民屯田许下,又于州郡列置田官,岁有数千万斛,以充兵戎之用。“所在积谷,征伐四方,无军粮之患。”[2]至于“晋武受禅,则河滨海岸,三兵八薮,耒耨之所不至者,人皆受焉。农祥晨正,平秩东作,荷插赢粮,有同云布”。[3] 故“时和年丰,百姓乐业,谷帛殷阜,几乎家给人足矣”。[4]

c. 魏晋是否有租税徭役之暴急? 考魏晋以来,户税实较汉为重,然出户赋者,皆有田之人,宜其较重也。[5] 至于杂税,于魏不闻其繁,至东晋则稍稍繁矣。[6]

自上之测验,即以农业之不衰退一则,已足以消灭高利贷于魏晋社会矣(最低限度),在魏与晋初为如是。高利贷之最终需者为农人(自由的),有农人之需要,然后高利贷始能经常的、普遍的存在于社会。农人之所以必用高利贷款者,因其业之不振。今农业既不衰退,则彼无借债之必要。间有借贷,亦决不容经常有高利贷之存在。

第四节　魏晋南北朝高利贷者之情势

据上节之结论,已可知高利贷之不能存在于魏晋,贷利既不能高,即无所谓高利贷者矣。兹但于南北朝之高利贷者,略事研究焉。

(1) 由财力估计当时高利贷者之情势

《宋书》载顾觊之之子绰“私财甚丰,乡里士庶,多负其责,……及后为吴郡,(觊之)诱绰曰:……民间与汝交关有几许,不尽及我在郡为汝督

① 《通志》卷八十,宗室三,八叶。
② 《太平御览》卷八百二十一,资产部。
③ 《古今图书集成·食货典》卷一,总部论三之八,古今治平略,三国六朝计。
④ 《晋书》卷二十六,食货志。
⑤ 《文献通考》卷一,田赋考一。
⑥ 《文献通考》卷十四,征榷考。

之,将来岂可得?凡诸券书皆何在?绰……出文券一大厨与觊之”。[①] 一厨之大,至何程度?文券所载之钱债究几何?举不可知。要之,其额数当不少。南齐崔庆绪放债于宗族达千万[②]。由是观之,则南北朝之高利贷资本多至千万,其在社会上之势已甚可观。[③]

(2) 由高利贷者与政治之关系以观察其势

自另一方面观察,则高利贷者时时与政治机关相关不分。故后魏有诏谓官吏与高利贷者之狼狈为奸,曰“上下通同,分以润屋”也[④]。而同时道研道人之息债,常得郡县为征[⑤],益可见当时高利贷者之势力,可以支配政治矣!其实此之观察大误。细考当时所以高利贷者与政治机关有密切之关系者,正足以证明当时纯经济的高利贷者之无力,必须有所恃于政治力也。

(3) 高利贷者之势薄

何以谓高利贷者之势薄?

a. 租税苛暴为资本集中之障碍　南北朝时,其租税之烦急,已见前节,农人固首蒙其害,而农业长期之衰退,商业亦因之而不易发展。更观宋文之苛敛,富室小人献私财至数千万,“扬、徐、兖、江四州赀满五十万,僧尼满二十万者,并四分借一。过此率计,〔事息即还〕”。[⑥] 北魏自永安以后,“农商失业,官有征伐,皆权调于人,犹不足以相资奉,乃令所在叠相纠发”。[⑦] 北齐户有九等,至武平之后,“乃料境内六等富人,调令出

---

① 《宋书》卷八十一,顾觊之传。

② 《南齐书》卷五十二,八叶。

③ 按《通典》、《通考》,当时币制本甚乱,极难但凭钱数,测知财力。大钱小钱,相差若干倍,不知其时之本位钱为何?价值如何?此不过就其中品四五铢钱而论,千万已大富矣。更按《南齐书·刘悛传》,世祖入蜀铸钱,所得不过千余万;可见千万本位钱之在南齐,其价值当甚重也。

④ 《魏书》卷五,高宗纪。

⑤ 《北史》卷八十六,苏琼传。

⑥ 《文献通考》卷十九,征榷考六。

⑦ 《隋书》卷二十四,食货志。

钱”。[1] 征税烦杂，人家无以自资，商胡多负官责。[2] 一般商民资本之积累不可能，纯经济的高利贷者岂能存在于此时。

b. 社会之大量资本皆官僚资本　而当时官僚既可以政治力量，搜集财货，又可以商贩放贷而无税役，故其资本积累最易发展。今更反观前述之财力估计，其财力固不少，然无一非官僚资本。故间有平民资本，放为高利贷者，亦不能不托庇于官僚势力之下，官使之存则存、使之没则没也。（如道研道人是。）[3]此顾觊之告其子之言——“民间与汝交关几许，不尽及我在郡为汝督之，将来岂可得乎？”[4]益显见矣！

自上之分析，乃敢断言，南北朝之高利贷皆官僚之高利贷，非纯经济的，乃政治性的高利贷。其情势，与其谓为高利贷者之权势，无宁谓为官僚之权势。

第五节　魏晋南北朝关于利息之思想及法制

关于利息之思想及法制，原系主观的，而主观的思维皆受客观的现象之影响，故必利贷发达，利息之思想及法制始发达。魏晋利息非当时社会现象中之重要者，故关于思想及法制方面亦无所闻。南北朝之贷利重，故其时乃有反高利之思想及法制。

（1）南北朝反对高利之思想

南朝宋之王弘曾焚其父时之责券，以取消利债；[5]顾觊之禁其子不使出债谋利，亦焚其责券；[6]南齐崔慰祖亦曾焚其父时之责券；[7]北齐苏琼守

① 《通典》卷四，食货四，赋税上，七叶。
② 《北齐书》卷四十二，卢潜传。
③ 《北史》卷八十六，苏琼传。
④ 《宋书》卷八十一，顾觊之传。
⑤ 《宋书》卷四十二，王弘传。
⑥ 《宋书》卷八十一，顾觊之传。
⑦ 《南齐书》卷五十二，崔慰祖传。

清河,不为道人理息债[①];李元忠焚其父时之责券;[②]周之苏绰为奏,曾论及富商举息射利,而深疾之;[③]凡此皆可以见其反对高利之态度。惟究其所以反对之理由,除苏绰嫌其伤农之外,他人之意见皆未明言,举不可知。就此点而论,斯时关于利息之思想尚不若汉代之发达也。此其亦因利贷之不若前代发达,有以致之。

(2)南北朝反高利之法制

按当时反高利之法制,惟北魏有文可考。魏高宗和平二年正月"诏曰:刺史牧民,为万里之表,自顷每因发调,逼民假贷;大商富贾,要时射利,旬日之间,增赢十倍。……为政之弊,莫过于此。其一切禁绝,犯者,十匹以上,皆死。布告天下,咸令知禁"。[④] 此乃禁止官吏不得逼民借高利债也。[⑤] 而其所以禁止之意,亦在反高利贷之剥削农民也。及孝庄帝武泰二年八月更诏曰:"诸有公私债负,一钱以上,巨万以还,悉皆禁断,不得征责。"[⑥]其意盖谓凡官私放债,无论债款多少,自一钱以至若干万,从今以后,皆在禁止之列。已往之债亦不论多少,皆与免消,不得征偿。夫官禁借债,已非善制,至于禁偿已往之债,自今思之,岂不使贷者损失资本,而借者凭空得利乎?其实因当时之利过高,短期内即可本利相侔(如上之例,一日可倍),故每债之成,经过相当期限,借者已蒙极大损失,虽竟以令取消债权,一般之贷者仍不为损,而一般之借者已蒙大利,斯亦当时应付高利率之一制令也。

此外关于当时之利息思想法制,已无所考,然即此二诏,已见当时官家于高利之态度;从而益可以反射当时利息率之奇重也。

---

① 《北史》卷八十六,苏琼传。
② 《北齐书》卷二十,李元忠传。
③ 《北周书》卷二十三,苏绰传。
④ 《魏书》卷五,高宗纪。
⑤ 程树德:《九朝律考》卷十六,后魏律考下。
⑥ 《魏书》卷十,孝庄纪。

第四章　隋唐五代考(589—959年)

第一节　隋唐五代利息之种类及其收付

南北朝终,继以隋唐,中国复由分割之局归为统一,社会秩序亦渐恢复,有长时期之太平。因此农工商业皆较前代为发展,尤以商业为最。因而利息借贷之现象,亦较前为盛。其利息之种类及其收付办法,分述于后:

(1) 贷谷

隋以后货币经济复兴,谷物贷借,在当时远不若钱债之重要,兹仍依前例,按谷贷与款贷分考其利息。关于谷贷者,仍可分为官、私贷二类:

a. 官贷　隋唐五代时期,关于官家贷谷之事,可考者,如唐太宗贞观二年、二十一年、二十二年,曾诏贷农民种子;玄宗开元六年、二十年,曾诏开义仓,贷民发粮。[①] 德宗贞元四年,尝委长吏贷粮。[②] 十九年,复贷京畿民麦种。[③] 宪宗元和六年,以常平仓粟二十四万石贷京畿贫民,并诏各州依例贷之。[④] 十四年,复以粟五万石贷河南府,二万石贷汝州。[⑤] 宣宗大

---

① 《新唐书》卷五十一,食货志。

② 《古今图书集成·食货典》卷七十一,荒政部,汇考四之六、四之十三;卷七十二,汇考五之一、五之十。

③ 《旧唐书》卷十三,德宗本纪下。

④ 《旧唐书》卷十五,宪宗本纪下。

⑤ 《古今图书集成·食货典》卷七十三,荒政部,汇考六之五。

中六年,亦曾诏贷贫下户以常平义仓粟。① 五代之梁太祖开平四年,后唐庄宗之同光四年,明宗长兴元年,后晋高祖之天福六七年,后汉隐帝之乾祐二年,后周太祖之广顺二年,皆曾有贷粟贫民之事。② 此种贷借,或贷给贫民,或贷给农民;其用途或为消费,或为生产;但官家以救济社会政策行之,不取利息。且有时以连年荒灾,谷物价涨,贫民无力偿还,乃诏令停免还债(此例甚多,不胜枚举),并债本亦捐弃矣。

b. 私贷 公家谷贷已如上述,兹更观私人之谷贷。隋之李士谦,尝贷粟于乡人,系为利贷。③ 唐初李绩父子,亦尝贷粟数千钟,惟未言有息否。④ 而观玄宗开元二十年制,谓:"如闻贫下之人,农桑之际,多阙粮种,咸求倍息。"⑤德宗时,陆宣公疏论农民,亦云:"小乏则求取息利……幸逢有年,才偿逋债,敛获始毕,糇粮已空,执契担囊,行复假贷。"⑥则是私家贷粟不惟有息,且其息甚高也。至后晋出帝天福八年,尚有敕使富民以粟借给贫下。⑦ 总观以上之史料,可知隋唐五代之乡间,最普通之贷借,为私人粟贷,皆为利贷,且其息甚高。由贷借双方立有契约,于一定期间,并息本偿还之。

(2) 贷款

隋唐以来,商业最称发达,故此时之钱债亦盛,兹亦分官贷、私贷清

① 《旧唐书》卷四九,食货下。

② 《古今图书集成·食货典》卷七十四,荒政部,汇考七之一一三、七之六一九。

③ 《筹济篇》卷十一,任恤,三叶。"隋李士谦,……家富,……尝出粟数千石,以贷乡人。值年谷不登,债家无以偿,皆来致谢。士谦曰:吾家余粟,本图赈赡,岂求利哉? 于是悉……燔契。"

④ 《新唐书》卷九十三,李勣。"李勣……积粟常数千钟,与其父盖皆喜施贷,所周济无亲疏之间。"

⑤ 《全唐文》卷二十三,玄宗发诸州义仓制。"年谷颇登,时庶缉,而家给之长,仍或未均,蕴利之徒,犹闻赘聚。静言其事,应有厥繇。如闻贫下之人,农桑之际,多阙粮种,咸求倍息,致令贫者日削,富者岁滋,非所谓益寡裒多,务穑敦本之方也。"

⑥ 《古今图书集成·食货典》卷九十五,荒政部,艺文二之六。德宗时,陆贽上疏言置义仓,则谓:"农人小乏则求取息贷人,大乏则卖鬻田庐。幸逢有年,才偿逋债,敛获始毕,糇粮已空。执契担囊,行复假贷,重重计息,食每不充。"

⑦ 《古今图书集成·食货典》卷七十四,荒政部,汇考七之七。按《册府元龟》,八年正月丁酉敕:"河南怀、孟、郑等州管内百姓有积粟者,仰均分借便,以济贫下。"

述之：

a. 官贷 隋唐以来，钱贷利息，最引人注意；而为此时之特征者，实为公廨本钱之利息。此种制度，盖为最早之行政费基金制也。公廨本钱制始于隋初，当时百官俸禄不足，于是京官及各州台府省寺，皆与以相当之钱本，以之经营农商取赢，或贷人生利，以为补足。[①] 而官吏无暇为商贾，故多以此放之商人而取高息。[②] 至唐代武德中，京中诸司皆置公廨钱，使番官贸易，按每月所得利润多少，并计官员多少，分为月俸；所以使番商甚盛，使之主之，彼可以多谋利润也。贞观十二年暂罢此制，十五年复置，每司若干钱，分放给商贾九人，使每月付官家以一定之息，以为本司官俸。一年满，付息无误，乃由吏部铨叙给职，名“捉钱令史”。嗣因故复停。二十一年复置，其制同十五年，永徽元年废。不久复置公廨钱，且扩至全国各府州县，仍使“高户”掌之，国家按月收息，以供吏薪。是国家贷钱与地主[③]，使出息也。于是此官俸基金制乃达极盛时期。开元十年一度罢之，十八年再复之，以至唐末。[④]

唐时基金制，不但施于官俸，即一切行政费，亦采取此种基金制。如书载，国子监“宰相将军以下子弟三百余人，皆衣紫，充学生……贷钱一万贯，五分收钱，以供监官学生之费”。[⑤] 又载，“开元二十六年春正月，……长安、万年两县，各与本钱一千贯，收利供驿。……二月，……河南、洛阳两县，亦借本钱一千贯，收利，充人吏课役。”[⑥]又载，懿宗咸通五年制：

---

① 《通典》卷十，食货五，赋税中，十一叶，武英殿版。

② 《隋书》卷四十六，苏孝慈传，八叶。“先是百寮供费不足，台、省、府、寺咸置公廨钱，收息取给。孝慈以为官民争利，非兴贷之道，上表请罢之。”又见《通典》卷五，食货五，赋税中，十一叶。“苏孝慈等以为所在官司，因循往者，皆以公廨钱物出举兴生，惟利是求，烦扰百姓，奏皆给地以营农，回易取利皆禁。”

③ 按《唐会要》卷八五，“武德六年三月，令天下户量其赀产，定为三等”。《旧唐书》卷三，太宗本纪，“贞观九年三月庚寅，敕天下户立三等，未尽升降，置为九等”。可见高户或上户，皆当时之大地主也。

④ 详见《唐书》卷五十五，食货志，一叶、十七叶；《唐会要》卷九十三，诸司诸色本钞；《通志》卷五十七，职官，七十九叶；《通典》卷三十五，职官十七，禄秩，八叶；《玉海》卷一七七，职田，四十六叶。

⑤ 《旧唐书》卷二十四，礼仪志。

⑥ 《旧唐书》卷九，玄宗本纪，二叶。

"潭、桂两道,各赐钱三万贯文,以助军钱,亦以充馆驿息利本钱;其江陵、江西、鄂州三道,…… 准此例兴置本钱。"[1]又载,"宇文融为魏州刺史,……建请垦九河地为稻田,权陆运本钱,收其子,入官与役。"[2]足见唐代之教育、驿政、各县雇役,以及工程等行政基金之制,完全相同也。

以上略述隋唐公廨钱之制,其放债者为国家机关,而借债者不问其名义为何,或为番官,或为捉钱令史,或为高户——亦不问其方式为何如,或以官主之,或配与高户。要之,皆官贷商贾与地主也。其计息之法,概为按月计息,且息章亟高。(当详论于第二节。)

此外尚有大吏自放钱债收息,或军官自以军钱放债与农民,计谷收息,从事贸易。如隋秦"王俊为并州总管……出钱求息"[3],唐之杜亚"充东都留守都防御使……取军中杂钱举息与畿内百姓,每至田收之际,多令军人车牛散入村乡,收敛百姓所得菽粟,将还军"[4],但斯皆违制之事,偶一见之,与社会之影响甚微,不足以与公廨钱并论,兹不研究之。

官家放债生利之事,直至五代,犹在实行,惟不知其利息收付之详情,与其出息者为何许人,想亦当为商人耳。[5] 此外绢帛在当时有货币之效用,故亦有官家放绢债于民之事[6],亦可谓为官家贷钱之一种。

b. 私贷 私人钱债,唐时亦甚流行;若自其借贷条件分之,可分为质债与无质债二种。兹先述其无质之债,其借钱债者,据正史可考者,多系商人放债与官吏,代宗大历中,禁军大将,尝借富室之债,动逾数万,息利

---

① 《旧唐书》卷十九,懿宗本纪。

② 《唐书》卷一二四,宇文融传。

③ 《北史》卷七十一,文帝四五,隋秦王俊传。"俊为并州总管……违犯制度,出钱求息。"

④ 《旧唐书》卷一四六,杜亚传。

⑤ 《五代会要》卷二十四,建昌宫使,二叶。后唐"窦专上疏曰……梁不知故事,将四镇节制征输,置宫使名目管系。既废宫后,改置租庸,杂以掊敛相兼,加之出放生利。"

⑥ 于逖:《闻奇录》,李克助条。"李克助为大理寺卿,昭宗在华州,郑县令崔銮,有民告奉放民绢事。"日人加藤繁于唐宋时代金银的研究中,曾论及绢帛在唐代之货币用途甚详。

甚高。[1] 德宗贞元中，有“神策吏李昱假贷长安富人钱……不偿”事。[2] 继之文宗太和五年，更有“右龙武大将军李甚……不偿事”。[3] 武宗时，京中各官，出外赴任，多带京债。[4] 由此观之，唐代私人放钱债者，多商人放给官吏也。此外私人借钱债，尚有自寺庙者，按月生利，[5]亦当时高利钱债之一范畴也。

此外私人钱债尚有质债，换言之，即抵押借款。其抵押品，或以人[6]，或以产宅[7]，或以器物[8]。自人借债，按月付利，定期还债（契约定期）。如无钱还债，或子本相侔而不还，则将抵押人物没收，或出卖，所有权于是转移于债权人矣。惟此种借贷，其放债者与借债者之身分，既不能确定，且借债之利息率亦无从考究，然仍可列为当时利息之一种也。

此外当时亦有私人贷绢制之债者，惟详情不可知，想当与钱债情形相若。

其利息之计算，普通皆为单利率，然亦有按复利率计者，惟受法律所限，故不多见也。[9]

---

① 《资治通鉴》卷二四三。“自大历以来，节度使多出禁军。其禁军大将资高者，皆以倍称之息贷钱于富室，以赂中尉，动逾数万。”

② 《旧唐书》卷一五四，许孟容传。“（贞元）四年，拜京兆尹……神策吏李昱假贷长安富人钱八千贯，满三岁不偿，孟容遣吏收捕，械系克日，命还之，曰：不及期当死。”

③ 《古今图书集成·交谊典》卷六十二，乞贷部，纪事之五。“《册府元龟》：文宗太和五年六月，右龙武大将军李甚……甚子贷回纥钱万一千四百贯不偿，为回纥所诉，故贬甚。”

④ 《旧唐书》卷十八上，武宗本纪。“（会昌）二年……中书奏赴选官人多带京债，到任填还，致其贪求，罔不由此。”

⑤ 孙毓修：《唐写本公牍契约考》：“建中三年……健儿马令痣……于护国寺僧虔英举钱一千文。其钱每月一分生利。”（《东方杂志》八卷二号）

⑥ 《唐书》卷一六八，柳宗元传。“柳人男女质钱，过期不赎，子本均则，没为奴婢。”又见《汇苑》。

⑦ 《五代会要》卷二十六，五叶。“周广顺二年二十月，开封府奏：……庄宅牙人亦多与有物业人通情，重迭将产宅立契典当，或虚指别人产业，及浮造房舍，伪称祖父所置。更有卑幼骨肉，不问家长，衷私典卖，及将倚当取债。……”

⑧ 《东方杂志》八卷二号，孙毓修《唐写本公牍契约考》：“大历□□□□□□年，许十四为急要钱用□，无得处，遂□□□□□□梳，一共典钱伍陌。□每月头□□□□□□钱，许十四自□□□□并没，一任将卖。恐人无信，故立私契两共，平章□□□□钱主…………举人女妇许十四，年廿六，同取人男进金，年八岁，见人……”（家红按：录文较多讹误，谨据《东方杂志》原文校改。）

⑨ 《唐会要》卷八十八，杂录。长安元年，敕：“负债出举，不得回利作本。”《旧五代史》，梁书第十，末帝纪下。龙德元年五月丙戌朔，制曰：“……公私债负，纳利及一倍已上者，不得利上生利。”

第二节　隋唐五代利息率之高低

关于此时借贷利息率之高低问题，仍可自谷贷与钱贷、官贷与私贷分论之。

(1) 私人谷贷之利息率

有如上节所述，官贷谷物盖无利息，亦即无所谓利率矣。兹就私人谷物贷利息率研究之。按开元二十年诏云："如闻贫下之人，农桑之际，多阙粮种，咸求倍息。"[①]可知唐代民间私人贷粟，其息率甚高，乃至加倍，即年利率百分之百（100%）。如一年至期不还，则利息更滚为本，以复利计算，故"重重计息"，[②]农民受其轧压日重，永无复兴之机。且更进而言之，开元于唐，乃社会太平政治清明之时，年谷屡登，庶民乐业之际，而乡间犹有倍息之贷，则其余时代，降至季唐五代之乱日，乡间贷粟之利尤当有加无减也。

(2) 官家钱贷之利率

官家贷钱之盛行于隋唐五代，已见上节，故欲考此时之利率，此种利息率，最堪留意者也。此种利率，在隋代但知其高[③]，故至扰民，而不知其息率之究竟几何。唐之官贷钱债率，贞观十五年（641年）令捉钱令史捉钱五万，按月缴息四千，[④]计每年应纳四万八千，按年利率计约合百分之九十六（96%）。虽不至倍息，不远也。惟此时公廨钱制行于京城，利率之高，限于京畿，非全国普遍之现象也。及至高宗永徽元年（650年），天

---

① 见《册府元龟》，开元二十年二月辛卯制。

② 陆贽疏语，参见《全唐文》卷二十三，玄宗发诸州义仓制。

③ 《通典》卷五，食货五，赋税中，十一叶。（开皇十四年）"苏孝慈等以为……以公廨钱物出举兴生惟利是求，烦扰百姓。"

④ 《新唐书》卷五十五，食货志，二叶。"（贞观）十五年，复置公廨本钱，以诸令司主之……所主才五万钱………月纳息四十。"又按《通典》卷三十五，职官十七，禄秩，八叶。褚遂良谏太宗疏："捉钱令史……大率人捉五十贯以下、四十贯以上…………每月纳利四千，一年凡输五万。送利不违，年满授职。"

下置公廨钱，收利十分之七，[①]换言之，即通天下之息率，此时皆为年利百分之七十(70%)。睿宗时仍之。玄宗开元十八年(730 年)，复减为百分之六十(60%)。[②] 代宗永泰二年(766 年)，复五分收息，其息率年利百分之五十(50%)。[③] 德宗初(780 年)仍为百分六十。[④] 而至宪宗元和十年(815 年)"新收置公廨本钱"，其收息又减为五分之一。换言之，即年利率百分之二十也(20%)。[⑤] 由此可见，其利率最高达年利九分六，约为倍息，最低至二分年利，与今日利率相仿；但普通为年利五分至七分，其继续时间最长，可为唐代官贷利率之代表，亦不为低矣。今为清晰起见，就所有之材料制成线图，以观此时代利率涨落之趋势。其图如下：

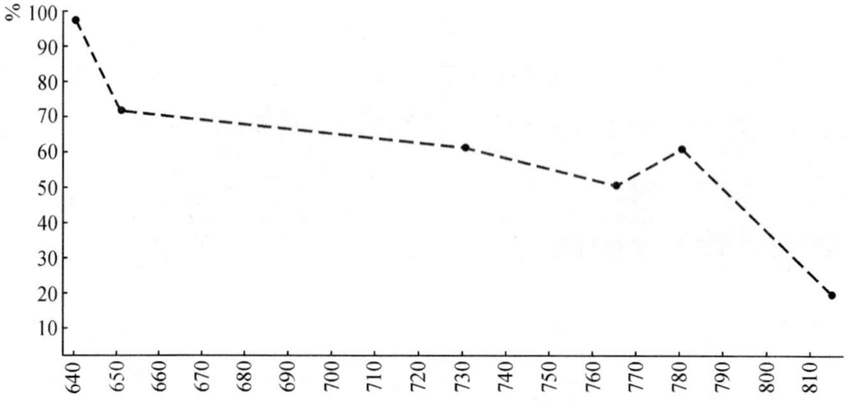

唐代官贷钱利息率趋势图

---

① 《新唐书》卷五十五，食货志，三叶。

② 《新唐书》卷五十五，食货志，四叶。按当时(十六年二月十六日)诏谓"官本五分收利"。此言六分，是定法与实行相矛盾也。

③ 《旧唐书》卷二十四，礼仪志，六叶。"永泰二年……国子学成……贷钱一万贯，五分收钱，以供监官学生之费。"

④ 《新唐书》卷一三二，沈既济传，十五叶。"德宗立……分置待诏官三十……既济谏曰：……夫置钱取息，有司之权利，非经治法。今置三十，大抵费月不减百万，以息准本，须二千万。"作者按：每月须费百万，而其本则需二千万，故知当时息率仍当为年利百分之六十。(12 × 1 000 000 钱 = 12 000 000 全年费钱数。12 000 000/20 000 000 = 60/100 年利率)然更观《新唐书》卷五十五，食货志，七叶。谓德宗时"议者以两省尚书省、御史台，总枢机，正百寮，而倍称息利，非驭官之体"，是当时官贷钱息又为年利百分之百矣。与前说矛盾。但作者以为前说为大臣之言，较负责任，此则为议者之言，其可靠性不若前说。且就时代前后之官利率趋势观之，不应前后皆低、中间忽高也。

⑤ 《新唐书》卷五十五，食货志，七叶。

(3) 私人贷钱利率　高宗永淳十一年,曾有制谓:"藏镪者非倍息而不出。"[①]代宗时,私人贷款给人,辄取加倍利息,[②]换言之,即年利率百分之一百也(100%)。而边地(建中中)借款,其利率甚轻,概为月息一分。所谓月利一分,即年利率百分之十二也(12%)。[③] 即上二则而论,已可见此时私人贷借,其利率之高,约为加倍之谱。惟德宗以后,利率见减。(此在公廨钱为如此,私贷当亦相似。)故至敬宗之时,其利率已见大落,约为二分上下,即年利百分之二十(20%)。[④]

总观此时(隋唐五代)之债息,可分二类:一为官贷(钱债),二为私贷(包钱、粟二者而言)。官贷、私贷之息率,相异之点,官贷利率较低,而私贷较高。又可分为钱贷与物贷,二者不同之点,即谷贷多流行于乡村,受农村经济季节之影响,多按年付利;而钱贷多流行于都市,则为按月计利也。至其计利办法,则如上节所述,多为单利,而间有用复利计者。

第三节　隋唐五代利息之所以高低之原因及影响

(1) 隋唐五代利息何以高　当时利息普通皆高(不问其为物贷或钱贷,为官贷或私贷),已如上节所述;其所以高的原因为何?

欲求其时利息高低之因果,当先明乎其时社会经见之贷借关系。据前节所考之例,当时贷借关系,资金通融之方向,可以下图表示之:

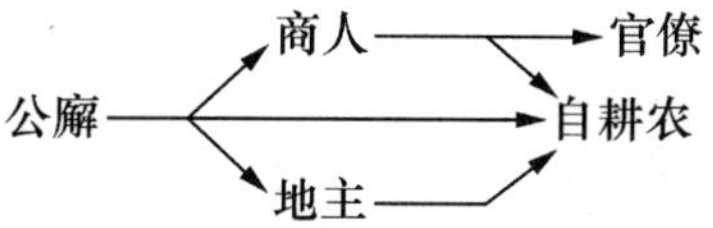

明乎当时社会贷借之关系,则其时利息高低之因果易见。

---

① 《通典》卷九,食货九,钱币下,十六叶。

② 见《资治通鉴》二四三卷,详上节注二十三。

③ 《东方杂志》八卷二号,孙毓修《唐写本公牍契约考》(原从司泰因游记附刊选录),详前注二十八。

④ 《唐会要》八十八卷,宝历元年敕。

Ⅰ. 原因

（1）贫农急需　自上图观之，可见利贷之最后需要者，乃为自耕农。盖在农业衰败情形下，自耕农之景况最惨也。关于农业衰败之纪录，唐代不少。如《唐书》中宗神龙元年，宋务光疏曾谓："数年以来，公私罄竭，户口减耗。家无接新之储，国乏俟荒之畜。陛下近观朝市，则以为既庶且富，试践闾陌，则百姓衣马牛之衣，食犬彘之食，十室而九空，丁壮尽于边塞，孀孤转于沟壑。猛吏奋毒，急政破资。"[①]由此足见唐代农业之衰落。务光之言，虽不能概括全唐，而农业之不振，亦实唐代（尝）〔常〕有之现象。其所以如此，固由于当时之水灾，亦"猛吏奋毒，急政破资"，苛政所致耳。故陆贽论救济农村之高利贷，则慨然曰："人之凶荒，岂遑振救，人小乏则求取息利，大乏则鬻田庐。敛获始毕，执契行贷。饥岁室家相弃，乞为奴仆，犹莫之售。"继云："赋役已繁，人力已竭。"又云："今督以迫促，蚕事方兴而输缣，农功未艾而敛款，有者急卖而耗半值，无者求假费倍。"[②]由是足见农人因水旱之灾，租赋之重，于是困乏，不能不自富人以高利之条件借贷。尤其是自陆贽奏议观之，此时之借贷者，既有田庐可卖，复非富有田产之高户大地主，显然为自耕之贫农。彼等不时之需，乃构成当时高利贷第一原因。

（2）商业发展　乡村农业之衰落，同时，却有都市商业之发展。观前宋务光之疏，谓朝市庶富，可见一斑。盖由晋室东迁，五胡乱华，南北朝纠纷割据，三百年混乱政治，乃造成官僚资金统制当时商业之现象，商业不能发展。此种趋势，至隋代之统一而大变。隋高祖政尚俭约，休养生息，至炀帝，好大喜功，开凿运河，统一货币，发展南洋航路及西域交通。[③]凡此种种，皆影响国内国际商业之陡进。此种趋势，虽经隋末大乱而稍敛，

① 《唐书》卷一一八，宋务光传，水灾疏。
② 《古今图书集成·食货典》卷九十五，荒政部，艺文二之二。
③ 《中国商业史》，第二编，第九章。

但不久复恢复其盛况,直至中唐以后,屡经丧乱,多行病商之政,乃复稍衰。[①] 总之,隋唐以来之商业,已成秦汉以后第二次之高度发展。隋代"百姓承平日久,……户口岁增,诸州调物,每岁河南自潼关,河北自蒲阪,达于京师,相属于路,昼夜不绝者数月"[②]。由此推知隋代民人盖藏之富,与商业之繁荣。故其时长安之人,"多弃农趋商,以争朝夕之利;游手为事,以竞锥刀之末"。"洛阳居天下之中,俗尚商贾。"蜀郡为"水陆所凑,货殖所萃",丹阳"人物殷阜,小人大率以商贩为业。其市廛列肆之繁华盛概,正和长安、洛阳相等"。其余商业都会尚多,更有通外国贸易之南海、交趾等地,不及备述,即此已见隋代商业之盛。[③] 惟自炀帝以战争苛敛,"富室坐是冻馁者,十室而九"[④],至唐代而复盛。当时以交通之方便,故商业易盛,而缘交通线之都市以起。崔融述当时商业情形谓:"天下诸津,舟航所聚,旁通巴汉,前指闽越。七泽三薮,三江五湖,控引河洛,兼包淮海。弘舸巨舰,千舳万艘。交易往还,昧旦永日。"[⑤]足见水路交通之便,而商业以繁。因此缘水路之大都市,如扬州,乃"多富商贾,珠翠珍怪之产"。[⑥] "江淮之间,广陵大镇,富甲天下。"[⑦]"南海郡利兼水陆,环宝山积。"[⑧]其余尚有水路发展之都会,惟不若此之盛。同时陆地交通,唐代亦甚便,所以商业亦受其影响而荣昌。例如"东至宋汴,西至岐州,夹道列店肆待客,酒馔丰溢。每店皆有驴赁客乘,倏忽数十里,谓之驿驴。南诣荆襄,北至太原、范阳,西至蜀川、凉府,皆有店肆以供商旅。远商数千里,不持寸刃"[⑨]。合计当时天下之水驿共有一千三百三十余所,陆驿共有一千

---

① 《中国商业史》,第二编,第十章。
② 《隋书》卷二十四,食货志。
③ 《中国商业史》,第二编,第二章。
④ 《隋书》卷四,炀帝纪。
⑤ 《旧唐书》卷九十四,崔融传。
⑥ 《旧唐书》卷八十八,苏环传。
⑦ 《旧唐书》卷一八二,秦彦传。
⑧ 《旧唐书》卷九十八,魏知古传。
⑨ 见《续通志》卷一百五十五,食货略。

二百九十一所。水路相兼之驿,八十六所。① 此为唐玄宗以前记载,其后当有增加之驿路。交通如此发达,所以商业能繁荣也。商业既有如上述之发达(包国内、国际双方而言),当时社会所储积之资本,必不敷懋迁流转之用,供不应求,故商人借贷之利率以涨。

由此二原因,可见农人衰落,有非借贷——纵然极高的利息——不能度日之景况,即此已足使社会上高利贷存在,亦即社会上高利存在之主因。同时,商业之利润亦甚大,即此一点,已足以使商人高利借贷之事实存在可能。虽然,商人之高利借往往为对农人之高利贷而举行。

Ⅱ. 结果

前数行已将隋唐五代各种借贷利息之决定原因,分析说明,兹更就当时高利之结果研究之。

a. 小农破产　由前借贷关系图,可见自耕之小农受高利贷重重压迫,故因利贷之高,彼亦首蒙其害。小农本以本业之衰败而借贷,更加重息之盘剥,于是破产必矣。故德宗时陆贽言:"重重计息,食每不充,倘遇荐饥,遂至颠沛。室家相弃,骨肉分离,乞为奴仆,犹莫之售。或行丐鄽里,或缢死道途。"②其结果之惨,实有不忍言者。甚至如杜亚之军,放债于农人,"每至田收之际,多令军人车牛散入村乡,收敛百姓所得菽粟,将还军。民家略尽,无可输税,人多艰食,由是大致流散"③。此皆高利与农人之影响也。

b. 资产集中　农村高利贷之放者,非富商人即大地主,利高之结果,乃使资产集中于商人地主之手。故元稹诗谓:"子本频蕃息,贷贩日兼并",④即为此高利商人写照也。更观开元十六年诏书谓:"公私举放,取

---

① 《唐六典》卷五,尚书兵部。
② 《古今图书集成·食货典》卷九十五,荒政部,艺文二之六。
③ 《旧唐书》卷一四六,杜亚传。
④ 《唐书》卷一百六十六,元稹传。

利颇深,有损贫下。”[①]其二十年制曰:“贫下之人,多阙粮种,咸求倍息,致令贫者日削,富者岁滋。”[②]此其意为地主之以高利兼并地产而发也。

固然,政府之高利贷,亦与商人地主以相当剥削,但商人“因当日商业上之欺骗,利润特别高”[③],不惟不致被剥削,且可博取利益。而况彼等往往亦可以更高利贷之手段,转嫁此种负担于农人。至于地主亦然:一方面受政府高利贷之剥削,他一方面乃以更高利贷之手段剥削农人。同时,彼等更以代官捉钱之职,而免其徭役,赎其罪刑。[④] 总之,当时之高利贷,皆于商人、地主为有利之影响。

c. 政治龌龊　财政之不足,同时,社会之贷利极高,故政府乃有公廨钱之制,以放贷为维持国家财政收入之策。利愈高,政府对捉钱者之倚重愈甚。因而捉钱者(无论其为地主、商人),可以逃税罔法,博得名位,[⑤]政治破坏。同时之官僚,每以高利借债为贼,而求贾美职,但以偿其利之债,为其所迫,乃不能不设法搜括。故武宗时,“中书奏准……赴选官人,多京债,到伍填还,致其贪求,罔不由此。今年……得官者,……户部各备两月加给料钱,至支时折下,所冀初官到任,不带息债,衣食稍足,可责清廉”。[⑥] 总之,官吏黩法贪婪,政治腐败,有时亦高利使然。

d. 高利贷者之势大　高利使利贷者在社会之势大,亦高利率之一结果。当详述于下节。

e. 关于利息之思想与法制　高利反映于人之思维,乃有反高利之思想,因而有此种法制,皆详述于第五节。

---

① 《唐会要》卷八十八,杂录。
② 《古今图书集成·食货典》卷七十二,荒政部,汇考五之一。
③ 刘兴唐:《唐代高利贷事业》,《食货》一卷十期。
④ 刘兴唐:《唐代高利贷事业》,《食货》一卷十期。
⑤ 《新唐书》卷五十五,食货志。
⑥ 《旧唐书》卷十八,武宗纪。

第四节 隋唐五代高利贷者之情势

隋唐五代之利率,普通皆高之结果,乃造成社会上高利贷阶级之势力;而其势力之大,可以自数种方面测知之:

(1) 自其财力测知当时高利贷者之情势

自高利贷资本之集中,最易见高利贷者之实力。按当时高利贷者之资本,最大者,仍当推国家为首。隋及五代,国家所放高利债(见第一节),不知其本几何?所可考者,惟唐高宗时以后之公廨本钱。其分配情形,按《唐书·食货志》云:"京兆河南府钱三百八十万,太原及四大都督府中州一百五十四万,下州八十八万,……诸州上县七十七万,中县五十五万,中下县、下县三十八万五千;折冲上府二十万,中府减四之一,下府十万。"列表视之如下:

唐永徽后天下军政区公廨本钱分配表

(钱数以千为单位)

军政区名称	京兆	河南府	太原府	大都督府	中都督府	下都督府	折冲府	州	县
全国数目	—	—	—	4	15	20	634[a]	316[b]	1 557[c]
每单位区公廨本钱数	3 800	3 800	2 750	2 750	2 400	1 540	1 500[d]	1 640[e]	5 775[f]
每种军政区公廨本钱总数	3 800	3 800	2 750	11 000	36 000	30 800	951 000	518 240	899 175

(a.《旧唐书·兵志》:"太宗贞观十年,诸府总曰折冲府,凡天下十道,置府六百三十四。"b. 依《旧唐书·地理志》贞观时州名计。c.《旧唐书·地理志》:"贞观十三年,……凡州府三百五十八,县一千五百五十一。至十四年,平高昌,又增二州六县。"d. 1 000 000 与 2 000 000 之中数。e. 880 000 与 2 400 000 之中数。f. 385 000 与 770 000 之中数。)

其全国公廨本钱总计约为二百四十五万缗,约合全国每年总税收(九百二十五万缗)四分之一。此之高利贷本,已可观矣!(此外尚有各驿各坊等随时由皇帝所赐之公廨本,若合计在内,数当更大,惜无确数。)有此大数之利贷本,其与社会之影响之大,不问可知,故吾人欲视当时高利贷者之财力,不能不首注意之。惟此之利贷,为国家派给商人、地主之放款,多少仍含有课税之强迫性在内,不能竟以此高利代表一般之高利;亦不能以此高利贷者,代表当时一般之高利贷者。虽然,查当时之捉钱者,官家放于彼,彼或自经商业出息,或转放给他人而收息,如此则此大量钱本已变为民间私人之高利贷资本矣。惟此资本之数量,究占全公廨本之几成,则不可知。且有时捉钱者以官本放债之易于征索,乃复以私人之资金,与官本相杂出放,此之数量往往较官本尤多[①],则当时一般的(合官、私而言)高利贷资本之大,由此更易见矣。

此外纯私人贷本,其数目亦颇不少,如大历"禁军大将,……贷钱于富室……动逾数万"[②],贞元四年"神策吏李昱假贷长安富人钱八千贯"[③],文宗时李甚子"贷回纥钱一万一千四百贯"[④],崔元略"放缗钱万七千贯"[⑤],此其财力亦不渺矣。[⑥]

(2) 自官家之袒护高利贷者测知其情势

唐初定律,关于保护放债之文,有谓:"诸负债违契不偿一疋以上,违二十日,笞二十。二十日加一等,罪止六十。三十疋加二等,百疋又加三等。各令备偿。"[⑦]国家保护放债者之成文法律,恐自此始。足见当时社会之放债者之势盛。且自另条,"诸负债不告官司,而强牵财物过本契者,坐赃论",是法律明定其可以由债权者强收债务人之财货抵债,惟限其不得过本,则放债之豪强,国家纵之也。又如前节所言,右龙武大将军李甚

① 《古今图书集成·食货典》卷二三四,平准部,汇考二之二。载:"《文献通考》,元和十一年崔纵奏请捉钱人等,添放私本不得过官钱。"

② 《资治通鉴》卷二四三,唐纪五十九。

③ 《旧唐书》卷一五四,许孟容传。

④ 《古今图书集成·交谊典》卷六十二,乞贷部,纪事之五。

⑤ 《旧唐书》一六三卷,崔元略传。

⑥ 按《新唐书》卷九十七,魏徵传,"贞观时斗米三钱";卷八,玄宗纪,"东封太山之岁,东郡米斗十钱,青齐米斗五钱",足见平时钱价甚高。

⑦ 《唐律疏议》卷二十六,杂律。

之子，因“贷回纥钱……不偿，为回纥所诉，故贬甚”。[①] 且由文宗下诏，曰：“如闻顷来京城白衣冠子弟及诸军使，并商人百姓等，多有举蕃客本钱，岁月稍深，征索不得，致蕃客停滞，市易不获及时，方务抚安，须除旧弊。”[②]其护外商之利贷，见于诏旨，亦可见当时高利贷商人之势雄厚。且更有以官钱代偿商人息债者，如《新唐书》所载“富人倪氏讼息钱于肃政台，中丞来俊臣……受赇，发义仓粟数千斛偿之”。[③] 此固由于来之罔法，然自此益见高利贷者有时可以拨弄官府，为其所用，其势甚大。

总之，隋唐以来，因商业发达等之原因（见前节），利贷息率随之增高，大利所在，举世趋之，于是高利贷者遂占社会之重要地位，甚至皇家贵族亦放高利之债。如《旧唐书》所云：“今公主之室，封邑足以给资用，勋贵之家，俸禄足以供器服，乃戚戚于俭约，汲汲于华俊。放息出举，追求什一。”[④]又如《唐会要》所云：“郡县官僚，共为货殖，竟交互放债侵人，互为征收，割剥黎庶”，[⑤]亦为高利贷者。高利贷者有经济之势力，更益以政治之权力，则其在社会上之情势更加强大矣！

第五节　隋唐五代关于利息之思想及法制

（1）关于利息之思想

隋代之苏孝慈以为“公廨钱物，出举兴生，惟利是求，烦扰百姓”[⑥]，又以为“官民争利，非兴化之道”[⑦]。其意盖非反对利息，而系以养民及教民之观点，反对官家之取利息。虽不反对利息，然暗涵有反对官贷高利之

① 《古今图书集成·交谊典》卷六十二，乞贷部，纪事之五。
② 《新唐书》卷一一一，薛纳传。
③ 《新唐书》卷一一一，薛仁贵传。
④ 《旧唐书》卷七十八，高季辅传。
⑤ 《唐会要》卷六十九，县令。
⑥ 《通典》卷五，食货五，赋税中。
⑦ 《隋书》卷四十六，苏孝慈传。

意。此外隋之李士谦“尝出粟数千石贷乡人，值年谷不登，债家无以偿，皆来致谢。士谦曰：‘吾家余粟，本图赈赡，岂求利哉？’于是悉召债家……对之燔契，曰：‘债了矣！’”[①]此其不赞成取利息之意，露于言辞，惟其反对取息之理由则未明言。唐之沈既济谏德宗置待诏谓：“夫置钱息利，是有司权宜，非陛下经治之法。……今关辅大病，皆言百司息钱，伤人破产，积于府县。”[②]《唐书》载，德宗时，“议者以两省尚书省、御史台，总枢机，以正百寮，而倍称息利，非驭官之体”。[③] 此皆反对官贷取息者；而涵有反对高息之意，但非反对借贷取息也。其反对之理由，一方面自平民经济之观点，论官家放债取息，足使庶民破产（未明言，当系包农业商业而言），颇堪注意；一方面自天子卿相治国之观点，论放债取息不合体制，与当时之社会无关也。至五代时，后唐之窦专亦有反对租庸使取息之疏[④]，但亦无所发挥，要之，以上之思想，皆因当时高利之刺激而发者。

溯自周以降，及于隋唐，民间私贷利息之存在，已近二千年。其现象已为人所习知，且至唐已普及各处，故一般对于利息现象皆不甚注意，而普通之利息思想亦不甚发达。惟官家贷款“公廨本钱”之取息，为历史所罕见，而公廨本钱之名制尤隋唐之创举。息率既高，复为各地政府所举办，其影响庶民生活既广且烈，刺激官民耳目最深，故当时之利息思想多关系于官贷利息者也。

（2）关于利息之法制

a. 隋　隋唐五代关于利息之法制，较前代为发达。隋唐五代之为禁利息，可自其设公廨本钱，放高息官债之政而知，已详前第一节，兹不复赘。但隋文帝开皇十七年有诏：“在京及在外诸司公廨，回易取利，及诸处

① 《筹济编》卷十一，任恤，三叶。
② 《旧唐书》卷一四九，沈传师传。
③ 《新唐书》卷五十五，食货志，七叶。
④ 《五代会要》卷二十四，建昌宫使，二叶。

兴生,并听之;惟禁出举收利。"[1]是自开皇十七年以后,官家放利债已在禁止之例。故当时"秦王俊为并州总管……出钱求息",史书谓其"违犯制度",[2]即为此也。

b. 唐　唐律中与贷利有关之处不多,兹略述之。《唐律疏议》卷四谓:"诸以赃入罪,正赃见在者,还官主。(注:转易他物及生产蕃息皆为见在。)问曰:'假有盗得他人财物,即兴易及出举,别有息利,得同蕃息否?'……答曰:'律注云:生产蕃息,本据应产之类而有蕃息;若是兴生出举,而得利润,皆用后人之功本,无财主之力,既非孳生之物,不同蕃息之限。'"此系当时对律文之解释。谓赃货赃钱之贸易生赢(Profit)及放债生息(Interest)者,皆不能视同正赃蕃息物。何以故?律注所谓正赃蕃息物,系物自蕃息者(如驴马生驹之类),而此利润利息,乃经商者放债者加人力后所得之结果,故不能视为正赃。此正赃与否之问题,固无关本文,而其解释利息为放债人之功,而非财主之力,颇堪注意。此中涵意数点:第一,彼认利息为放债人之功,则利息系劳力之结果。第二,以利息为劳力之结果,故视同利润,皆为正当所得,而不能加以反对。第三,从而放债者亦与农工商等为社会上之生产者。此种利息思想见之法律,实甚进步。

武后"长安元年十一月敕:"负债出举,不得回利作本,并法外生利,仍令州县加禁断。"[3]由此诏所言,可见当时民间多有滚利为本,实行复利计算者,此则禁止之。同时,更禁"法外生利",足见当时有法定之利率,惟于今存唐律无所考,其利率当与高宗时公廨钱利率(年息十之七)相若。

玄宗开元十六年二月十六日诏:"比来公私举放,取利颇深,有损贫下,事须厘革。自今已后,天下负举,只宜四分收利,官本五分取利。"[4]此实为当时高利贷所发之限制利率法。而所云官利反高于私利一分者,盖

① 《隋书》卷二四,食货志,十二叶。
② 《北史》卷七十一,列传五十九,隋秦王俊传。
③ 《唐会要》卷八十八,杂录。
④ 《唐会要》卷六十九,县令,十一叶。

即官家假其政治力量多放之部分,官家贷利性质所以不同于普通利息也。“天宝九载……敕郡县官寮,共为货殖,竟交互放债侵人,互为征收,割剥黎民。自今以后,更有此色,并追人影,认一匹以上,其放债官先解见任,物仍纳官,有剩利者,准法处分。”①此乃禁郡县官寮放债生息之令。于以见当时政治之商业化,官寮多假公济私而放高利贷。

宪宗元和五年,有敕禁止“卑幼不告家长,私举公私钱物等”②,盖亦因当时公私贷利之高,往往因以破人产业故耳。

文宗开成二年八月二日敕节文,“今后应有举放,又将产业等,上契取钱,并勒依官法,不得伍分以上生利。如未辩计会,其利止于一倍。不得虚立倍契,及计会未足,抑令翻契,迴利为本。如有违越,一任取钱人经府县陈论。追勘得实,其放钱人,请决脊杖二十,枷项令众一月日。如属诸军诸使,亦准百姓例科处。’”③是亦为越法高利及复利所下之敕。

敬宗宝历元年正月七日敕节文:“应京城内有私债经十年以上,曾出利过本两倍,本部主及元保人死亡,并无家产者,宜令台府勿征理。”④此为台府代征私债画一限制。台府之为私人征理债款,是其应有之责任;惟于① 私债之年限过多,至十年以上;② 利率甚高,在法定利率以上;③ 原债主及保人皆死;④ 又无家产可追;在此数情形下,可以不必征理。此种立法,适足以见其保护平民之债权,非至实际无法征理之时,尚为努力也。

c. 五代　五代关于利息之法制,其可考者,约有数则:

第一,为梁末帝贞明六年制,谓“有私放远年债负,生利过倍,自违格条,所在州县不在更与征理之限”⑤。足见当时于生利过倍(不论放债期限长期),有法律限制;故此以制书申述,虽非积极禁止,而以消极的政治不保护债权,消灭之。此种立法足以影响放债之期限缩短与利率之减

① 《唐会要》卷六十九,县令,十一叶。
② 见《宋刑统》卷二十六,杂律,唐元和五年十一月六日敕节文。
③ 见《宋刑统》卷二十六,杂律,唐开成二年八月二日敕节文。
④ 《唐会要》卷八十八,杂录。
⑤ 《旧五代史》卷十,梁书第十,末帝纪下,一叶。

低也。

第二,为“龙德元年……制,曰:‘公私债负,纳利及一倍已上者,不得利上生利’”[①]。此为文献中五代时所仅见之限制复利之法律,其意与唐法不同。(武后时法见前。)唐法乃一切复利皆在禁止,此则利息在不至与本相等之前,可以用复利计算;至利与本等以后,则不许用复利矣。此乃由五代之放债利息,本不若唐代之高,亦不若其盛,故立法对于放债者较为放任。

第三,唐庄宗同光元年制,曰:“所系残欠赋税及诸务悬欠,积年课利,及公私债负等,其汴城内自收复日已前,并不在征理之限。其诸道自本年十二月已前并放。”[②]此其意本为即位大赦,以博得民心,故〔有〕放免赋税官债之诏。然因免官债,同时联及私债之放免,实剥夺放债者之权利,由此之立法,可见当时民人取债者尚不少,且仍感高利之压迫,惟放债者与政法之关系,不若在唐之深,故有是诏。但此种诏令,使放债者感觉债权之不安,一方面减少放债,一方面有债放出,益当提高利息率。(又加一部分保险费在内。)

第四,为明宗长兴元年之诏,谓:“应私债出利,已经倍者,只许征本。已经两倍者,本利并放。”[③]此其意盖欲限制长期放债及高利放债也。

① 《旧五代史》卷十,梁书第十,末帝纪下,三叶。
② 《旧五代史》卷三十,唐书第六,庄宗纪,三叶。
③ 《旧五代史》卷四十一,唐书第十七,明宗纪七,二叶。

第五章　宋考(960—1296年)(辽、金附)

第一节　宋代利息之种类及其收付

宋代利息之种类甚多，唯一部分利息，其性质本为利息，而表面则非利息之名，势非详加分析不可。以下仍依贷谷贷款、官贷私贷分类述之：

(1) 贷谷

a. 官贷　宋代官家贷粟，有仓储之制，其仓盖分四种：一为义仓，二为广惠仓，三为广济仓，四为常平仓。义仓始于太祖乾德之初，“曾诏诸州于各县置义仓，岁输二税，石别收一斗，民饥欲贷充种食者，县具籍申州，州长吏即计口贷讫，然后奏闻”[①]。此制至“神宗元丰八年指挥诸路义仓，一切废罢”[②]。此外，仁宗之时又兴广惠仓、广济仓，以储粟谷，与鳏寡孤独贫穷之人[③]，其意与义仓相近。此皆贷粟而不取息者。如《宋史》太宗淳化二年、至道元年[④]，真宗大中祥符八年、九年，天禧元年、四年，及乾兴元、四、六年[⑤]，仁宗皇祐四、五年，嘉祐元年[⑥]，神宗熙宁元、七年[⑦]，哲宗元

---

① 《宋史》卷一六七，食货志上四，十叶。
② 上官均：《复义仓疏》，载《古今图书集成·食货典》卷九十八，荒政部，艺文五之八。
③ 吕祖谦：《论荒政》，载《古今图书集成·食货典》卷九十九，荒政部，艺文六之十二。
④ 《宋史》卷五，本纪五，太宗二。
⑤ 《宋史》卷八，本纪八，真宗三。
⑥ 《宋史》卷九，本纪九—十二，仁宗一—四。
⑦ 《宋史》卷十四、十五，本纪十四、十五，神宗纪一、二。《救荒补遗书》卷上，四十五叶。

祐三年、绍圣元年、四年[①]，孝宗淳熙三、四、八、九、十四年[②]，光宗绍熙四年[③]，俱曾有贷粟之纪载，而不闻有息。真、仁间之通判淄川范讽、知江宁府刘湜[④]，河北转运使张士逊[⑤]，亦皆有贷粟于民之事，盖即以义仓、广惠、广济仓粟出贷也。

其常平仓本汉人法，宋自真宗“景德三年，诸路置仓”[⑥]，随时籴粜，以平谷价，原非为出贷者；而有时亦权贷之。如仁宗景祐初，神宗熙宁二年[⑦]，元丰元年[⑧]，皆有贷常平米事。孝宗淳熙四年、七年[⑨]，俱有蠲贷常平米事。惟此常平米出贷，皆不取息，原此之出贷意在救荒，故不取息以求利。然至神宗以后，常平米出贷取息乃为常制。故元丰元年诏，特别表明，使灾民“立保贷请常平粮有差，仍免出息”。[⑩] 而哲宗元祐元年，乃复诏再立常平谷钱给敛出息之法，正二月散之，随夏、秋两税并息本偿之。[⑪] 可见常平贷借为当时之通制也。

此外则为社仓。按社仓本当社义仓，亦义仓之一种，始于隋文，本为国家管理机关[⑫]。至宋之乾道四年，朱熹复于各乡兴置之。当时社仓制本为振贷而设，故在原则上贷粟不取息；但于每社兴办之初，每因各亩各户摊捐之谷本，尚未凑齐相当数量，[⑬]仓本多自常平仓借得，故必取息摊还。每年贫民，夏受粟于仓，冬则加息计米以还。[⑭] 观其社仓条约，则其办法益明：“一、人户所贷官米至冬纳还(不得过十一月下旬)，先于十月

① 《救荒补遗书》卷上，五十九叶。《宋史》卷十八，本纪十八，哲宗二。
② 《宋史》卷三十四、三十五，本纪三十四、三十五，孝宗二、三。
③ 《宋史》卷三十六，本纪三十六，光宗一。
④ 《宋史》卷三百四，列传六十三，范讽、刘湜传。
⑤ 《宋史》卷三百十一，列传七十，张士逊传。
⑥ 林駉：《宋常平义仓》，载《古今图书集成·食货典》卷九十九，荒政部，艺文六之十三。
⑦ 《宋史》卷一六七，食货志上四，十至十二叶。
⑧ 《文献通考》卷二十六，国用考，赈恤。
⑨ 《宋史》卷三十四、三十五，本纪三十四、三十五，孝宗二、三。
⑩ 《文献通考》卷二十六，国用考，赈恤。
⑪ 《文献通考》卷二十一，市籴考，常平义仓租税。
⑫ 《古今图书集成·食货典》卷二三九，平准部，总论三，古治平略二，汉唐贮籴。
⑬ 《古今图书集成·食货典》卷二三九，平准部，总论三之十三；《八编经世类纂》卷三十六，稗编，六曹，户曹，二十八叶。
⑭ 《宋史》卷一七八，食货上六，十七叶。

上旬定日申县,乞差吏斗前来受纳。两平交量,每石受息米二斗。(小歉除息之半,大歉全免收息。)息谷二分(谓石取息二斗),中饥减半,大饥尽免。本户纳息已满十年,免收息。"①(谓第一年纳至十一年免。)淳熙八年,由上下敕,推行于天下。② 此为官贷谷物取息之另一方式。

b. 私贷 宋之私人贷款,可分质贷及无质贷二种,皆为息贷。故太祖建隆初定《刑统》,内载有"以粟麦出举,还为粟麦"并出息利之文。③ 足见宋初承唐之后,私人贷物仍有息利。盖于农人新陈不接之际,每须向储粟者假贷,④于是储蓄者以高利放之,至秋成还本付息。⑤ 有时此种借贷,发生为贫农、富农间之质借,即贫农以地产作抵,交纳富人使用,富人始肯出粟相借。经过相当期限,贫农既无农地生产,难以偿还,于是此地产遂由贷者所有矣。故仁宗天圣六年,有"真定……豪富之家,将生利斛斗,倚质桑土事"⑥,已可见当时之农村,富农对贫农物贷生息之概况矣。此种情形至宋末依然。故朱子之为浙东提举,曾再谕上户借贷下户,谓:"今施惠既可以结邻里之欢,将来收成亦自不失收息之利。"⑦其为《崇安五夫社仓记》,亦谓新陈不接之时,辄出息借贷豪右,⑧足见宋末边地民间物贷取息较中原犹盛。此外尚有国家诏令富人出粟贷饥民之事⑨,意在救荒,迫于上令,其出息与否则不定矣。

(2) 贷款

a. 官贷 宋代官家贷钱,除为振贫(如淳化五年官家贷给亳州民钱,

---

① 《救荒补遗》卷下,四一五叶。
② 《续通考》卷二七,市籴考,常平义仓,和籴。
③ 《宋刑统》卷二十六,受寄财物辄费用。
④ 《续通典》卷十六,十六叶。
⑤ 《文献通考》卷二十六,国用考,赈恤。
⑥ 《宋会要》卷一八一,食货一,检田农,清徐松辑稿本。
⑦ 《古今图书集成·食货典》卷一〇八,荒政部,杂录一之十三。
⑧ 《救荒补遗》卷下,十一叶。
⑨ 《宋史》卷五,本纪五,太宗二,十二叶。

以振牛疫；高宗建炎四年贷给卢州民钱，以买耕牛[①]；绍兴十八年，借给农民春耕之费[②]），纯为救济，不出利息外，其余贷钱皆出利息。官家贷钱出息，又可自其收付之方面不同而分为数类：第一则为军贷军钱。神宗熙宁中，边塞军人有时而粮食不足，则以田为质，假自乡军，取息什一。[③] 此种利息贷借，可列为宋代官钱息贷之一种，惟不经见也。第二官贷农钱。此制始于仁宗嘉祐时，李参为陕西转运使，“部多戍兵，苦食少，参审定其阙，令民自隐度麦粟之赢（多余之粮），先贷以钱，俟谷熟还之官，号青苗钱”，[④]不知其取息否？至英宗神宗时，京东转运使王广渊“以方春农事兴而民苦乏……乞留本道钱帛……贷之贫民，岁可获息”，[⑤]而青苗钱取息制遂大行。初行青苗，并听从便，嗣遂流为弊政，民间不愿借债，官家亦强迫分派以取高利。“富民不愿取，贫者乃欲得，即令随户等高下分配，又令贫富相兼，十人为保首。”[⑥]王广廉在河北（按：广廉即广渊），“第一等户给十五贯，二等十贯，第三等五贯，第四等一贯五百，第五等一贯”[⑦]。按此等第，“三等以上，更许增借，坊郭户有物业胜质当者，亦依乡户例支借”。[⑧] “按等派借乡农，但许其增，不许其减，且许城中人以房产作抵借债，其取息法亦同青苗制。至哲宗绍圣二年，由蔡京、董遵等倡议，再立常平钱谷给敛出息之法，限二月或正月，以散及一半为额。民间丝麦丰熟，随夏税先纳所输之半，愿并纳者，止出息一分。……不久乃废。而诏复常平粜粜制。”[⑨]此官贷农钱之春苗制遂终。神宗时行新政，倡水利，制置三司，曾立“农田利害条约付诸路……应有开垦废田，兴修水利，建立堤防，

① 《宋史》卷一七三，食货上一，四叶、十二叶。

② 《宋史》卷三十，本纪三十，高宗七，九叶。

③ 《宋史》卷三二八，列传八十七，十一叶。

④ 《宋史》卷三三〇，列传八十九，李参传，二叶。

⑤ 《宋史》卷三二九，王广渊传，十叶。按青苗钱帛同称，是绢帛至宋代仍有货币效用也，故绢帛贷亦列于贷款之下。

⑥ 《宋史》卷一七六，食货志上四，十四叶。

⑦ 《文献通考》卷二十一，市籴考。

⑧ 《宋史》卷一七六，食货志上四，十四叶。

⑨ 《文献通考》卷二十一，市籴考。《宋史》卷一七六，食货志上四，十九一二十叶。

修贴圩埠之类,工役浩大,民力不能给者,许受利人户,于常平、广惠仓系官钱斛内,连状借贷支用,仍依青苗钱例,作两限或三限送纳"[①]。官家为水利而贷农人,以款取息,办法与青苗钱同,可以视为青苗钱而研究之。此外关于官贷农钱取息之制,尚有预买绢。按预买绢始于宋初真宗咸平之时,"马元方为三司判官,建言:方春乏绝时,预给库钱贷民,至秋冬输绢于官。大中祥符中,河北转运使李士衡又言:……请预给制钱,俾及时输送,则民获利,而官亦足用。诏优予其直,自是诸路亦如之"。[②] 其初本为利蚕民而贷钱,无利息之可言。迨至神宗熙宁中,王广廉辈(《宋史》作"广渊")以千钱配民,课绢一匹,其匹绢令输钱一千五百。[③] 诚如程颢所言,"假和买绌绢之名,配以钱而取其五分之息,其苛又更甚于青苗"。[④] 而"徽宗建中靖国元年,尚书省犹言预买钱多人户愿请,宜比岁例增给"[⑤],可见和买取息之事,至徽宗时尚行。惟至南宋则此制废,高宗时课税式之折帛钱起征,而预买取息不用矣。第三为官贷商钱。神宗熙宁五年诏置市易务,"许召在京诸行铺牙人,充本务行人牙人。遇有客人物货出卖不行,愿卖入官者,许至务投卖。内行人牙人与客人平其价,据行人所要物数,先支官钱买之。如愿折博入官物者,亦听以抵当物力多少,许令均分赊请,相度立一限或两限,送纳价钱"[⑥],并付利息,故同年有"诏以银绢各二十万,赐河东经略安抚司,听人赊买,收本息封桩备边"。[⑦] 至神宗元丰八年罢市易法[⑧],而此官贷商钱之制遂终。第四为官办社会救济机关之放债取息。第一即抵库。理宗时,牟子才"知太平州,以缗钱二十余万创抵库,岁收息以助籴本",[⑨]是为官办当铺取息之始。又如常楙为

---

① 《宋会要》卷一八一,食货一,农田检田,熙宁二年十一月十三日。
② 《宋史》卷一七五,食货志上三,一一二叶。
③ 《文献通考》卷二十,市籴考。
④ 《宋史》卷一七五,食货志上三,一一二叶。
⑤ 《八编经世类纂》二十七,《大学衍义补》,户曹类,制国用,四一五叶。
⑥ 《文献通考》卷二十,市籴考。
⑦ 《宋史》卷一七五,食货志上三。
⑧ 《宋史》卷十九,哲宗本纪。
⑨ 《宋史》卷四一一,牟子才传。《续文献通考》卷二十七,市籴考,常平义仓和籴,五叶。

浙东安抚使，尝以十万楮置普惠库，取息造殓具以施贫民。黄畲知台州，为济粜仓，为抵当库，置养济院，又创安济坊以居病囚，皆自有子本钱。理宗宝祐时，“给官钱付诸营，置库收息，济贫乏”。①凡此皆以官钱为基金，放债生利以举办社会事业，其法在宋末颇流行，惟其被贷之人，究属何许人，皆不得知。

b. 私贷 宋代民间贷钱出息，自其贷者之手续言，可别为无质贷借及有质贷借二种。按《宋史》，太宗时有贫者取息之说。②大中祥符三年，河北转运使李士衡又言，“民间罕有缗钱，常假于豪民出息”。③熙宁中，赵抃乃奖励富人贷贫民钱，出息以济灾荒。④可见当时民间贷钱出息之盛行。其借贷钱者出息还本，当然以钱为准，然有亦可以谷粟、布缕、鱼盐、薪蔌、耰锄、釜锜之属杂还之。⑤孝宗时，更有盐区“亭户未尝煮盐，居近场盐，贷钱讨利”之事，⑥此皆乡间富豪对农民之放债，亦即当时民间最经见之借贷。此外，宋时蜀民之开盐井，失败常多，故时时“假贷资财，以为盐本，费多利少，官课未偿，私债已重”。⑦此为富民对盐户之放息债，乃私贷之第二种。第三为对商人之放债。如“苏轼为钱塘时，民有诉扇肆负债”者是。⑧第四，为军人之放债。高宗绍兴二十九年有“禁权要豪民举钱军中取息”之令，⑨可见当时之军人放债不少。第五为豪民对国家之放债。⑩惟此后四种虽曾见之史载，然不数见，可知其在当时社会为非经常之现象也。以上所述，皆无质贷借，此外尚有有质贷借，即贫民以物向质库抵押借息债，在宋代想甚流行。(最低限度如此。)故朱子在浙东，有

① 《续文献通考》卷三十二，国用考，振恤，二叶。
② 《宋史》卷一七三，食货志上一，农田，三叶。
③ 《文献通考》卷二十，市籴考。
④ 《救荒补遗》卷上，九十叶。
⑤ 《宋史》卷三三一，陈舜俞传，十五叶。
⑥ 《宋史》卷四百，汪大猷传。
⑦ 《续通考》卷十九，征榷考，四叶。
⑧ 《渊鉴类函》卷二百八十八，人部四十七，一叶。
⑨ 《宋史》卷三十一，高宗八，十一叶。
⑩ 《大宋宣和遗事》，元集，八叶，中华四部备要版。

约束质库,不许关闭等示。其言“勘库户平时开张库店,典质钱物,利息所入不为不多。才值旱伤岁时,辄以阙钱关闭邀阻,遂至佃民急切阙用,无处质当”①,足见当时当铺(质库)之放债生息,推其办法详情则不可知。总之,宋代之借贷生息,无论官、私贷,物、钱贷,除为赈济,有时免息外,余多系有息债,而其利息及贷期,皆有文约规定②,此仍与唐代相似。惟在宋代之物钱贷,则多以农民为放债之对象,此与唐代稍有不同耳。

至于与宋同时之辽、金,据史考之,其地亦有官家贷谷与私人贷谷款之事。(见辽金史皇帝纪。)惟其详情不可考,兹从略。

第二节　宋代利息率之高低

前节对于宋代各种不同形式之利息,已曾加以叙述,兹更就其各种利息之利率,加以研究。

(1) 贷谷

a. 官贷　据考究之结果,已知宋代官家谷物贷多有出息者。① 常平钱谷贷借出息。按哲宗元祐元年四月诏:“再立常平钱谷给敛出息之法,限二月或正月,以散及一半为额。民间丝麦丰熟,随夏税先纳所输之半,愿并纳者止出息一分。”③丰年还本,即须纳利息一分,合为年利,当为二分。故“苏轼奏曰……今者常平粜籴之法,惠民之外,官亦稍利,如此足矣!何用二分之息?”④可见当时常平钱谷出贷,其息为年利率二分,即百分之二十(20%)。② 社会贷粟之取息。按朱熹在浙东办法,乃系“夏受粟于仓,冬则加二计息以偿”。“少歉即蠲息之半,大饥即尽蠲之。”⑤所谓

① 《古今图书集成·食货典》卷一〇八,荒政部,杂录一之十。
② 《宋史》卷一七三,食货志上一,十七叶。
③ 《文献通考》卷二十一,市籴考。
④ 《文献通考》卷二十一,市籴考。
⑤ 《文献通考》卷二十一,市籴考。

加二计息,即“出息什二”①,亦即年利率百分之二十(20%)也。由此可以推断宋代官家贷谷之息,大约为年息二分。

b. 私贷　当时私贷谷物,利率高于官贷利率数倍。太宗之时,因“比年多稼不登,富者操奇赢之资,贫者取倍称之息”②,此所谓倍息,固不仅限于谷贷,盖钱、谷贷二者皆如是也。自此可见宋初民间贷利之高,约为年率利百分之一百(100%)。至神宗熙宁时,制置三司条例司之赞青苗钱,言“非惟足以待荒歉之患,民既受贷,则兼并之家不得乘新陈不接,以邀倍息”③。是宋之中叶,其利高依然。乃至孝宗隆兴三年,“臣僚言曰:前富家放贷,约米一斗,秋成还钱五百,其时米价既平,粜四斗始克偿之,农民岂不重困?”④是因物价之变动,乃以四斗偿一斗,其利息已达三倍。此言虽未可尽信,然其利之不止倍息,可据此断言。于以见宋代民间贷谷,其出息多至加倍之高也。

同时辽金之私人物贷,利亦甚高,故兴宗重熙中(约当北宋仁宗之际),萧罕嘉努谓:“戍卒之食,多不能给,求假于人,则十倍其息。”⑤此固不限于物贷,而当时私贷利率之高,则为无疑。而金“(宁)〔宣〕宗贞祐之年(约当南宋宁宗之时),上封事者言:比年以来屡艰食,……兼并之家,……困急则以贷人,私立券质,名为无利而实数倍。”⑥由是可见辽金之私贷物息,较之宋之倍息,犹或过之。所谓数倍或十倍,盖皆为年利率也。

(2) 钱贷

a. 官贷　据前节所考,宋代官贷之第一种为军贷军钱,其利率已如所述,为“岁息什一”,换言之,即年利百分之十。

第二种则为官贷农人之钱利。于此又可分为青苗钱利及预买息利二

① 《玉海》卷一八四,食货仓庾,乾道社仓,二十六叶。
② 《宋史》卷一七三,食货志上一,三叶。
③ 《续通典》卷十六,十叶。
④ 《文献通考》卷二十六,国用考,赈恤。
⑤ 《辽史》卷一〇三,萧罕嘉努传,二叶。
⑥ 《金史》卷五十,食货五,四叶。

种。兹先就青苗之利率观察之。按英宗时,王广渊在京东初行官钱贷农之制,彼曾上疏谓:“乞留本道钱帛五十万,贷之贫民,岁可获息二十五万。”①五十万年可获二十五万,是合年利五分,惟其所陈者,欲以利诱君主,未必完全做到,而其时利率之高,当亦与百分之五十相若。至神宗熙宁之时,判大名府韩琦曾为青苗钱而言:“今放春苗钱,凡春贷十千,半年之内,便令纳利二千,秋再放十千,岁终又令纳二千,则是贷万钱者,不问远近,岁令出息四千。”②观韩之言,颇欠明瞭,既似国家以十千之本,春秋出贷两次,使出年息四千。依前所言,则为年息百分之四十;依后所言,则为年息百分之二十,未知二者孰是?更观苏辙与张方平之言,乃可显明。苏辙有言:“以钱贷民,使出息二分,本非为利,”③张方平上神宗疏言:“今乃岁……散青苗钱八万三千六百余贯文,累计息钱一万六千六百有零贯。”④换言之,即每年散青苗本钱83600000文,得利16600000文。其年利率为166/836 = 0.2,约为百分之二十。前韩之言,仍当从后之解。故哲宗元祐有诏废青苗钱,谓:“青苗钱更不支俵,除旧欠二分之息,元支本钱,验见欠多少,分料次随二税输纳。”⑤其年息率百分之二十为无疑也。

官贷农钱,除青苗钱外,尚有预买绌绢之息,亦变相之官贷农钱取息。按当时李常言:王广廉以陈汝义所进羡余钱五十余万缗,“随和买绢钱分配,于常税折科放买外,更二十五万缗”。程颢亦言:王广廉之和买,“率钱千,课绢一匹,其后和买并税绢匹,皆输钱一千五百”⑥。是虽未明言其赊买生息,实则取利五分,即年利百分之五十。故哲宗元符中,陈瓘言“预买之息,重于常平数倍”⑦。常平谓青苗二分之息也。

① 《宋史》卷一七六,食货志上四,十四叶。
② 《宋史》卷一七六,食货志上四,十四叶。
③ 《宋史》卷一七六,食货志上四,十三叶。
④ 《文献通考》卷九,钱币考。(家红按:原注误作卷八。)
⑤ 《宋史》卷一七六,食货志上四,二十叶。
⑥ 《文献通考》卷二十,市籴考。
⑦ 《宋史》卷一七五,食货志上三,二一三叶。《八编经世类纂》卷二十七,大学衍义补,户曹类,制国用,四一五叶。谓陈瓘言,在徽宗大中靖国元年,不知何本。

第三种则为官贷商钱利息，即市易务赊贷之息，其利率与青苗相等。史书载："市易之日，听人赊贷县官财货，以田宅或金帛为抵，当出息十分之二。过期不输息外，每月加罚钱百分之二。"①盖商人赊买官家货物者，按熙宁五年诏，可先支官钱买之，由官家斟酌"立一限或两限，送限价钱。若半年纳，即出息一分，一年纳，出息二分……不得过取利息。"②是赊贷之行，其息为年利二分无疑，恰与青苗利率相等。迨至元丰二年，又有"王居乡建议以田宅金银抵当者减其息，无抵当……者不复给"③，是元丰三年始复减息，惟其息利多少不可知。

此外，宋代尚有官办之抵库等社会救济事业，亦各设本放息债。以理度之，其息当较一般利率为低，惟其确数究竟几分不可考。

辽金官贷金钱之事，于史不可考，兹姑阙之。

b. 私贷　自前私人物贷高息之考究，已可见宋之私人钱债利息亦甚高。兹更就专门论钱债之材料研究其利率。真宗"大中祥符三年，河北转运使李士衡又言：本路……民间罕有缗钱，常预假于豪民，出倍称之息"，④此其所言固为河北路，而他路亦当相差不远。神宗熙宁二年，制置三司条例司言青苗钱之利，谓："民既受贷，则兼并之家不得乘新陈之不接以邀倍息。"⑤于此可见宋代私人贷钱，其息高至年利百分之一百。

至于当时辽金之私贷钱息利率如何，则就前述私贷物之时，已可知当时不论钱物，其息率皆至高，甚至数倍乃至十倍。

总之，宋代官贷利率皆不甚高，约在百分二十之谱。而私贷则不问钱物，皆甚高，乃至一倍以上。其计息或半年或一年不等，惟宋因唐之律，禁止回利做本，是民间复利之事尚存也。（详见后第五节。）

---

① 《宋史》卷三二七，王安石传。
② 《文献通考》卷二十，市籴考。
③ 《文献通考》卷二十，市籴考。
④ 《宋史》卷一七五，食货志上三，一叶。
⑤ 《宋史》卷一七六，食货志上四，十二叶。

第三节　宋代利息之所以高低之原因及影响

自前二节之研究,已见宋时民间一般之利率,无论贷谷、贷款,其利率皆甚高。而私债之借者,亦多为农人。(有时为军人及商人。)至于官债,则贷谷所以救灾,其利率颇低,但不时行之,分地行之,于社会无显著之影响。其官家贷款,自神宗用王安石始行之,不久即废,因办理不善,利率虽薄,于社会无大影响,故所当注意研究者,仍然民间高息借债之问题。

(1) 宋私贷利率所以高之原因

a. 缗钱缺乏　宋代私贷利率所以高之原因,第一即为缗钱缺乏。何以知之?请观《宋史》所载,真宗大中祥符三年(1010 年)河北转运使李士衡又言:"本路岁给诸军帛七十万。民间罕有缗钱,常预假于豪民,出倍称之息。至期则输赋之外,先偿逋欠,是以工机之利愈薄。请预给制钱,俾及时输送,则民获利而官亦足用。"①此段乃纪载当时农村手工业者之高利借款情形,足见其利率所以高者,乃因民间缗钱之缺乏。而此之缗钱缺乏,据作者意见,复有二种含义:第一为绝对的缺乏,换言之,就当时社会现有全部之缗钱数量,与其时整个社会对于缗钱之需要相较而有不足。第二,即相对的缺乏,即社会中各个一部分(或各份子)之缗钱,互相比较而有不足。当时之缗钱缺乏,据作者研究,不敢断其即为绝对的缺乏(因无统计可据),就宋代史迹考之,显有缗钱分配不均之现象。缗钱之"偏在",即可构成资本缺乏之病征,亦即相对的缗钱缺乏。所谓缗钱之偏在者,如国家以租税之手段,集中大量之资本于政府。宋初"天下岁入缗钱千六百余万。……天禧之末……增至二千六百五十余万缗。嘉祐间又增至三千六百八十余万缗。至熙丰间……乃至六千五百三十余万焉。"②商

① 《宋史》卷一七五,食货志上三,八叶。
② 李心传:《建炎以来朝野杂记》甲集,卷十四。

人以贸易之手段(有时亦为放赈),集中缗钱于私囊,于是当时社会乃有所谓“巨商大贾”赀富至千万贯者。[①] 因缗钱之偏在,益加强一般社会缗钱之枯窘。总之,无论绝对的或相对的,但使缗钱供给之不足,常足使借贷利息率增高,因利息者取得资本之价格,而缗钱实即当时之借贷资本,多以缗钱形态出现于社会也。

b. 农业之衰落　宋代高利贷之借用者,大半为农人,兹当自农人方面研究,视其需要借贷之强度。按宋之农业本不甚盛,故于“新陈不接”之际,农人特窘。例如每至春日“农事方兴,而民苦乏”[②],所以农人对于贷本有季节需要。若更兼以租税及天灾之影响,而农人益无以为生。(尤其是贫农中小农。)“至道二年,太常博士直使馆陈靖上言:……按天下上田,除江、淮、湖、湘、两浙、陇、蜀、河东诸路,地里复远,虽加劝督,未遽获利。今京畿周环二十三州、幅员数千里之垦者,十才二三,税之入者,又十无五六,复又匿里舍而称逃亡,弃耕事而事游惰,赋额岁减,国用不充。诏书累下,许民复业,蠲其租调,宽以岁时。然乡县扰之,每一户归业,则刺报所由,朝耕尽地之田,暮入差徭之籍,追胥责问,继踵而来。虽蒙蠲其常租,实无补于损瘠。”[③]由是可见当时贫农与苛政之真象,此犹在宋初鼎盛之时。至于季世,政之苛,农之贫,亦可推知。故司马光疏曰:“四民之中,惟农最苦。寒耕热耘,露体涂足,载日而作,载星而息,蚕妇治茧,绩麻纺纬,缕缕而积之,寸寸而成之,其勤极矣!而水旱、霜电、蝗蜮间为之灾”[④],使农人无法维持其生计,不得不依赖豪富。农民对于谷物或货币迫切之需要,亦足以提高贷本之贷价。

c. 货币价格之不稳定　宋代以来,民间之货币需要既盛[⑤],而官铸币乃繁。然币制之紊,亦至极点。第一,铜币而外尚有铁币。(铜币通行全

---

① 《大宋宣和遗事》,前集,八叶。
② 《宋史》卷三二九,王广渊传,十叶。
③ 《宋史》卷一七三,食货志上一,农田,四叶。
④ 《宋史》卷一七三,食货志上一,十叶。
⑤ 见《文献通考》,钱币考二,引水心叶氏言。

国各处。除四川、山陕、两广、两淮而外,此种地方皆用铁钱。)第二,铁钱而外,更有纸币。铜币品质愈铸愈劣,而重量愈铸愈轻,于是价格日趋跌落。纸币起源于北宋真宗之际,其先由四川富民印制,其后不久,政府乃自印发,名为交子、关子、会子,或公据。其发行或有时限,或无时限。价值权以铸币。其发行额不定,准备额亦不定。每种发行之初,皆有相当准备,信用尚好。但国家为财政之利益,每至滥发,于是币价低落而物价腾贵。[①] 币制紊乱,始自仁宗,而钞制大坏,则光宗后事。[②] 因币制之紊乱,钞、票之滥发,币跌物腾。此种影响,据学理推断,势必使社会贷借之代价(利息),亦与一般之物价同升。惟于此史料有缺,不足以确证其相关为可惜也。

(2) 宋私贷利率高之结果

a. 贫农破产 高利贷经常的借者为贫农,故高利贷之结果,首使贫农破产。史言:太宗时"贫者取倍称之息,一或小稔,富家责偿愈急,税调未毕,资储罄然"[③]。真宗时,李士衡论河北农人纺织,受高利之剥削,言:"至期则输赋之外,先偿逋欠,以是工机之利愈薄。"[④]神、哲之际,司马光亦曾谓:"平民举钱出息……蚕食下户。"[⑤]又谓:"公私之债,交争互夺,谷未离场,帛未下机,已非己有。所食者糠籺而不足,所衣者绨袍而不完。"[⑥]由此可见农人生产,辛苦经年,农场禾稼与手工业产品,皆为高利所蚀。不惟如此,且如太宗至道时陈靖上书所言:"民之流徙,始由贫困,或逃私债……亦既亡逋,则乡里检其资财,至于室庐、什器、桑枣、材木,咸计其直……债主取以偿逋,生计荡然。"[⑦]至仁宗天圣六年,更有真定民诉

① 详见《宋史·食货志》,及王志瑞《宋元经济史》第七章。
② 郑行巽:《中国商业史》,第二编,第十五章。
③ 《宋史》卷一七三,食货志上一,三页。
④ 《宋史》卷一七五,食货志上三,一页。
⑤ 《宋史》卷三三六,司马光传,六叶。
⑥ 《宋史》卷一七三,食货志上一,农田,十叶。
⑦ 《宋史》卷一七三,食货志上一,农田,十叶。

富户以高利债盘剥，而使贫农出典桑土之案。[①] 孝宗时，汪大猷尝“论亭户未尝煮盐，居近场盐，贷钱射利，隐寄田产，害及编氓”[②]，是则较前更近一步，不独剥夺农人之生产品，并将吞没其生产资本之田产，并其生活之基础而摧毁之。较此更进一步，则并身体上之自由，亦因高利贷被剥夺，成放债主之奴隶。如太宗时“江浙、福建民负人钱，没人男女”[③]。宁宗开禧元年，夔路转运判官范荪所言：施、黔等州富豪每因贷钱而抑勒以为地客，客户与其家属皆受地主之役使，甚至客户之妇女出嫁都无自由。[④] 高利之害人，至此亟矣！惟此为边地情形，内地或不至如此之甚。

b. 资本兼并　宋代私家借贷，不论钱、谷，其利息皆甚高，已如所述。而谷贷及钱贷，二者皆行于乡村，且高利贷之借多为农人，故贫农之破产，可为宋代高利之最大结果。然商人亦不能不借贷，尤以城内之质库，尤多商人质借。因高利之结果，当然富者亦益富，贫者益贫。商人利厚，不独可以蚀农人，大商人亦可以蚀小商人。如宋初石保吉治生产，染家假其钱，“息不尽，入质其女”[⑤]；苏轼为官钱塘时，民有诉扇肆负债二万者。由此足见当时商人亦不免高利贷之剥削。其商人间之兼并[⑥]，亦高利结果之一。

c. 高利贷者之势大　民间贷利既高，遂使富人（包括大贾、大地主而言）之资本势力强大，而成“兼并家”阶级，此当详述于下节。

d. 反高利之思想与法制　因民间利率之高，于是影响当时之思想家，对于利息有相当之意见，而国家亦有相当之法制，以应付此高利，皆当详述于下第五节。

总之，因宋代农业生产之衰落，高利作用可以特别发挥于农村，故对于农村所造成之结果亦最惨。至于其余经济部门，如商业、工业等，皆在

---

① 《宋会要》卷一八一，食货志一，检田农田。
② 《宋史》卷四百，列传一五九，汪大猷传，四叶。
③ 《宋史》卷五，本纪五，太宗纪二，十六叶。
④ 《宋史》卷一七三，食货志志上一，农田，十七叶。
⑤ 《宋史》卷二五〇，列传第九，石保吉传。
⑥ 《文献通考》卷二十，市籴考。

渐渐发展之途中,因以高利贷对于此种方面皆无显著之影响也。

第四节　宋代高利贷者之情势

宋代高利贷者之势强,亦受民间借债利率高影响而成,此在前节研究高利之结果时,已曾论及。兹更自高利贷者在社会上之破坏力与建设力二种观点加以分析,则其势益明。

(1) 高利贷者之破坏力

按宋初定律,本于唐律,仍有"诸负债不告官司,而强牵财物过本契者坐赃论"之规定①,足见当时贷款往往有因债务而强取人家产者。且于契内夺取,按法律并非违法,高利贷者之掠夺,国法尚不禁,其在当时之蛮横可想。此所以至道时陈靖上言谓:债主每取借债家之室庐、什器、桑枣、材木等,以偿逋债。② 天圣时,真定豪民以债务而典占人家桑土。③ 高利贷者之破坏人产业如此。不仅如是,且有时因债负而没人男女④,或逼人鬻女而偿债⑤,则并人之家庭而破坏之。更进一步,则"雍熙三年……秦州名李益者为长道县酒务官,家饶于财,僮奴数千,指恣横持郡吏短长,长吏而下皆畏之。民负息钱者数百家,郡为督理,如公家租调"。高利贷者更加以政治力之援助,其盘剥之情形当益甚。甚至国家官吏,彼亦凌辱之,而国法几无如之何。"推官冯元不从(不与督债也),益遣奴婢辈伺元按行市中,拽之下马,因毁辱之。先是益厚赂朝中权贵为庇护,故累年不败。及元屡表其事,又为邸吏所匿,不得达。后以市译者附表以闻,译因入见,上其表。帝大怒,诏元载(吴元载时知秦州)逮捕之。诏书未至,京师权

① 《宋刑统》卷二十六,杂律,受寄财物辄费用。
② 《宋史》卷一七三,食货志上一,农田,四叶。
③ 《宋会要》卷一八一,食货一,检田农田。
④ 《宋史》卷五,太宗本纪二,十六叶。
⑤ 《万姓统谱》:宋胡元质问,邻有贫士夜哭,乃鬻其女以偿债,与别也。(《渊鉴类函》卷二百八十八,人部四十七。)

贵已报益，益惧亡命。元载以闻，帝愈怒，诏州郡物色急捕之，获于河中府民郝氏家。鞫于御史府，具得其状，斩之。益之伏法，民皆饭僧相庆。”①由此可见高利贷者不惟有破坏家庭产业之力，且将并政制国法而破坏之，其势大极！更观理宗宝祐时，“吴多豪势家，告私债，则以属尉，民多饥冻窘苦，死尉卒手”，②则高利贷者破坏国法政制之势，至宋末而依然也。

（2）高利贷者建设力

于前节研究资本集中之时，已见当时高利贷者资本集中之趋势，因资本之集中，故其建设以大。宋时政府欲举办任何事业，皆不能不仰高利贷者之辅助。第一，宋以农业之不振，又兼以战争天灾之祸，故救荒为当时经见之问题。此问题之解决，不能不赖于利贷者。治平四年，以河北流民，“司马光上疏，曰……若富室有蓄积者，官给印历，听其举贷，量出利息。候丰熟日，官为收索，示以必信，不可诳诱。”③神宗熙宁八年，吴越大旱，“（赵）抃……知越州，……雇民完城四千一百丈，为工三万八千。……民取息者，告富人给予之，而待熟官为责其偿”④。是国家荒政，皆有待于利贷者之力而举办之。第二，当时以农业之衰落，天灾之流行，其根本救济之法在于兴修水力，而水利工程之费用甚多，又非由高利贷者为经济之援助不可。例如熙宁二年十一月十三日，制置三司言：“应有开垦废田，兴修水利，建立堤防，修贴圩埠之类，工役浩大，民力不能给者，许受利人户，于常平、广惠仓系官钱斛内，连状借贷支用，系官钱斛，支借不足，亦许州县劝谕物力人，出钱借贷，依例生息，官为置簿及催理。”⑤是国家实行农业政策，亦高利贷者为之后盾。此外，当时国家连年用兵，财政支出中，军事费当为最大者，而军事费亦不能免高利贷者之补助。宋仁宗时，

① 《宋史》卷二五七，列传第十六，吴廷祚传，二叶。
② 《宋史》卷四三八，列传一九七，黄震传，十二叶。
③ 见《文献通考》卷二十六，国用考四。
④ 《救荒补遗》卷上，九十叶。《古今图书集成·食货典》卷九十三，荒政部，总论七之十三。
⑤ 《宋会要》卷一八一，食货一，农田。

夏人叛秦州,邠州司法参军薛向诣陈洎(陈时以侍御行边),陈三弊,其言有“三司贷龙门富人钱,人以百年全盛之天下,一方有警,即称贷于民,非义也”。[①] 是宋初军事已受贷于人,及国事渐衰,其贷债益为理想中事。故《宣和遗事》中载有,徽宗崇宁元年,“蔡京自拜相后,有巨商大贾六七辈,赴阙投词,言:章相公开边时,及曾相公罢边时,共借讫三千七百万贯,至今未见朝廷支偿。”[②]可见当时国家因军事费之膨涨,乃不能不甘心于受高利之剥削,假贷于富商大贾。而高利贷者能以数千万贯之巨债相放,几与国家全年税收相等,[③]其势之强显然也。直至南宋高宗时,军人仍不能脱高利贷者之盘剥[④],足见其与军事之关系,始终不断。由以上所数点,可见当时政府之政策功业有非高利贷者之赀力而莫举之势,其建设力亦不小。

据上所述,自其建设力或破坏力二种观点研究,可以断言:当时高利贷者之社会势力,至强且大。故绍兴二十三年,有“温州布衣万春上书,乞将民间有利债欠,还息与未还息,及本未及本者,并除放,庶少抑豪右兼并之权,伸平民不平之气”[⑤]。其思想之愤激,溢于言表,而政府亦怯于高利贷者之势,不能批准照办也。

第五节　宋代关于利息之思想及法制

宋代借贷生息之事,甚为普通,且利率甚高,为一时社会之主要现象,颇引人注意,故当时思想及法制皆甚发达。兹为研究便利,先叙述当时关于利息之法制,然后及于思想。

① 《宋史》卷三二八,列传八十七,薛向传,十七叶。
② 《大宋宣和遗事》前集,八叶。
③ 按当时国家全年税收不过四五千万贯,见李心传《建炎以来朝野杂记》甲集,卷十四。
④ 《宋史》三十一卷,本纪三十一,高宗八,十一叶。
⑤ 《文献通考》二十六,国用三十七,蠲贷。

(1) 宋代关于利息之法律

宋代因民间贷利之太高，故制律，对私贷多取严格态度，而对公贷则否。关于利率方面之法律，如宋初《刑统》所定："诸公私以财物出举者，任依私契，官不为理。每月取利不得过六分。积日虽多，不得过一倍。若官物及公廨本利（按：此仍因唐之旧文，宋有官贷，但无公廨制）停讫，每计过五十日不送尽者，余本生利如初，不得更过一倍。家资尽者，役身折酬，役通取户内男口。不得回利作本。"（原注：其放财物为粟麦者，亦不得回利作本过一倍。）[①]按《刑统》另条规定："诸以粟麦出举，还为粟麦者，任依私契，仍以一年为断。不得因旧本，更令生利，又不得回利为本。"[②]又条准户部格敕：天下私举质，宜四分收利，官本五分生利。[③] 可见宋初法定利率，普通无质钱贷为每月百分之六，换言之，即年利率百分之七十二。（72%）而有质钱贷，规定利率稍小，且官私不同，官本可放年利百分之五十，（50%）私本只可放百分之四十。（40%）至于物贷之谷物贷，则无法定利率之规定，惟限制其不得过加一，即至多不过百分之一百。盖因谷物贷多行于乡间，乡间各处之习惯不同，距官治所较远，难以划一之利率限之也。其利率计算皆定为单利，不许用复利计算。此外，为法利之能以推行，违法之易于监督，更规定："诸出举两情和同私契，取利过正条者，任人纠告，本及利物并入纠人。违法积利，……官为理收。"[④]

此外关于限制利率之诏令，太宗时令"州县戒里胥乡老，察视有取富民谷麦赀财，出息不得逾倍，……违者罪之"。[⑤] 孝宗隆兴三年有诏："应借贷米谷，只还本色，取利不过五分。"[⑥]前诏规定财物贷借利率皆可及百分之一百，后者又规定谷物贷借不得过年利百分之五十，与前《刑统》皆

① 《宋刑统》卷二十六，杂律，受寄财物辄费用。
② 《宋刑统》卷二十六，杂律，受寄财物辄费用。
③ 《宋刑统》卷二十六，杂律，受寄财物辄费用。
④ 《宋刑统》卷二十六，杂律，受寄财物辄费用。
⑤ 《宋史》卷一七三，食货志上一，农田，三叶。
⑥ 《文献通考》卷二十六，国用考，赈恤。

小有出入。盖法定利率有渐趋低下之势。

高利有时可以迫人破产,国家为防此点,故《刑统》有文规定:"诸负债不告官司,而强牵财物过本契者,以坐赃论。"又条:"质者,非对物主不得辄卖。若计利过本不赎,听告市司对卖。有剩还之。"[①]是对于放债者随意掠夺借债者之财物,或没收家产,加以法律限制也。故仁宗天圣六年九月,"真定民杜简等状称,近年水旱蝗灾,被豪富之家将生利斛斗倚质桑土,贵抑兼并,永绝词讼"[②]。

民间高利贷,本可以吞人产业,因生活所难免,习惯已养成,虽不能以法律加以禁止,然于官府在本部放债,其剥削贫下更烈,则不能不加禁止。故《刑统》有敕:"州县官寄附部人与易,及部内放债等,并宜禁断。"[③]又史载,仁宗"数欲大用(吴育),为谏官刘元瑜诬奏,育在河南(曾知汝州),尝贷民,出息钱,久之,……使判延州"[④]。于部内放利债,为宋法所不许,可见当时国家对于放高利债之反对态度。

此外真宗大中祥符二年,诏:"诱人子弟……潜举息钱,令所在擒捕流配。"[⑤]高宗绍兴二十九年,"禁权要豪民举钱军中取息"[⑥]。二十三年,有诏:"私债还利过本者,并与依条除放。"[⑦]孝宗淳熙十四年九月,"除官军私负"。[⑧] 十六年闰〔五〕月有诏:"免郡县淳熙十四年以前私负,十五年以后输息及本者,亦蠲之。"[⑨]此皆因民间贷利过高所发也。

(2)宋代关于利息之制度

宋之政府,除以法律诏令消极的禁止限制高利而外,更积极的立为制

---

① 《宋刑统》二十六卷,杂律,受寄财物辄费用。
② 《宋会要》卷一八一,食货一,检田农田。
③ 《宋刑统》二十六卷,杂律,受寄财物辄费用。
④ 《宋史》卷二九一,列传五十,吴育传,四叶。
⑤ 《宋史》卷七,本纪七,真宗二,十四叶。
⑥ 《宋史》卷三十一,本纪三十一,真宗八,十一叶。
⑦ 《文献通考》卷二十六,国用考,蠲贷。
⑧ 《宋史》卷三十五,本纪三十五,孝宗三,十四叶。
⑨ 《宋史》卷三十,本纪三十六,光宗一,三叶。(家红按:原史料仅题"闰月",今依历推知是年闰五月,据以改补。)

度，以平贷利，是即前第一节所云之官家以低利贷款贷物是。略言之，即青苗钱贷，预买取息，市易务赊贷。其制已详前，兹不复赘。此皆立于神宗之际，而不久皆废。其所以施此之本意，盖皆为平高利而设。初放青苗钱，诏书谓："务在优民，不使兼并，乘其急以要倍息，皆以为民，公家无所利其入。"①而预买之始，乃以"民间罕有缗钱，常预假于豪民，出倍称之息。"②市易务之设，有诏谓："天下商旅物货至京，多为兼并之家所困。"③可见当时之轻利官贷，皆民间高利之结果也。其所以遭时人之反对者，盖非为其利率之高（其利率为年利一分、二分、五分），乃办理之不当，故不久遂废，与社会亦无何影响。

（3）宋代关于利息之思想

宋人一般意见，盖视利息为借贷必要之条件。如高宗所言："若止偿本，则上户不肯放债，反为细民害。"④同时，彼等又视富人之放债贫民，为有利贫民之事，非纯为剥取利息也。司马光尝言："夫民之所以有贫富，由其材性愚智不同。……是以富者常借贷贫民以自饶，而贫者常假贷富民以自存。虽苦乐不均，然犹彼此相资，以保其生。"⑤由此推论，则于利息之存在，有其理由，无法反对也。余若陈希亮之焚券，自削债利，无法除社会之借贷利息也。⑥

惟于高利，则有其反对之理由。司马光谓：其"蚕食下户，饥寒流离"。⑦ 又谓："公私之债，交争互夺，谷未离场，帛未下机，已非已有。"⑧汪大猷谓："贷钱射利，隐寄田产，害及编氓，宜取一等以上充役。"⑨此皆

① 《文献通考》卷二十一，市籴考。
② 《文献通考》卷二十一，市籴考。
③ 《文献通考》卷二十一，市籴考。
④ 《文献通考》卷二十六，国用考，蠲贷。
⑤ 《文献通考》卷二十一，市籴考。
⑥ 《宋史》卷二九八，列传五十七，陈希元传，十三叶。
⑦ 《宋史》卷一七六，食货志上四，十七叶。
⑧ 《宋史》卷一七三，食货志上一，农田，十叶。
⑨ 《宋史》卷四百，列传一五九，汪大猷传，四叶。

立于重农之立场,而反对高利息也。

对于官家放债取息之事,当时议论甚多,可分赞成与反对二方面。其赞成者,如董遵言:“其出息至寡,则可以抑兼并之家。”[①]张根上书谓:“常平止听纳息,以塞兼并,……市易惟取净利以役商贾,虽名若不正,然与和买不雠其直……而使之倍输额外,无名无数之敛有间矣。”[②]是赞成之唯一理由,即在取薄息,以抑高利,不为无理。而其反对取息者,如欧阳修言:“田野之民,蠢然安知周官泉府为何物,但见官中放债,每钱一百文要二十文利耳。臣愚以为,必使天下晓然知非为利,则乞除去二分息,但纳本钱。”[③]此其意即反对官贷取息,未言理由。虽以国家有诏,本非为利,为其反对根据,然必将二分之息免去,始足见国家之非为利,未免论出极端。苏轼谓:“今已行常平粜籴之法,惠民之外,官亦稍利,何用二分之息,以贾无穷之怨?”[④]常平粜籴,能否与青苗钱相等,可以抑高利贷,究属问题。而所谓贾无穷之怨,与陈瓘所谓“预买之息,……人皆以为苦”相同。[⑤] 语太笼统,不足以为反对国家贷利之根据。至于其余熙宁、元丰,乃至元祐、绍圣诸臣之反对官家利贷者,理由甚多。可以胡寅之言,为归总之词,即:“称贷所以惠民,亦以病之。惠者纾其目前之急也,病者责其他日之偿也。其责偿也,或严其期,或征其耗(谓社仓),或取其息,或予之米,而使之归钱,或贫无可偿而督之不置,或胥吏以诡贷而征诸编氓,凡此皆民之所甚病也。”[⑥]其理虽多,然皆与利息无关也。要之,宋代神宗官贷,取利由年利一分二分起,最高至五分,较诸市利,本不为高。倘用之得人,为之得法,未始不可以平一时之高利。惟以施之不当,遂而贻当世讥,与世无补。虽然,究不失为当时民间高利之一反响也。

---

① 《文献通考》卷二十一,市籴考。
② 《宋史》卷三五六,列传一一五,张根传,十三叶。
③ 《文献通考》卷二十一,市籴。
④ 《宋史》卷一七六,食货志上四,十九叶。
⑤ 《宋史》卷一七五,食货志上三,二叶。
⑥ 《八编经世类纂》,《大学衍义补》卷二十五,户曹类,固邦本。

第六章　元考(1277—1367年)

第一节　元代利息之种类及其收付

元化以蒙古游牧民族征服中国,并进军远征达于欧洲,使西方民族能以与中国自大陆上接近,故中国经济在当时有剧大之变动。利息本经济现象之一支,当然亦受影响而变化。兹先就当时利息之种类言之。

(1) 贷谷

a. 官贷　元代民间贷谷不若前代举行之盛,惟国家有时因民间荒旱,乃依中国旧例,为谷物之贷,以赈荒贫。世祖至元十七年曾贷高丽[①],二十五年贷安西[②];成宗大德八年贷永平、清沧、柳林等地[③];仁宗皇庆二年有更征益都贷粮之诏[④];英宗于延祐七年命储粮于宣德、开平、和林诸仓备贷[⑤];顺帝至正三年曾贷粮宝庆路[⑥]。是皆为赈贫而贷粟,均系无息之贷;此外不闻更有有息者。

b. 私贷　关于私贷之历史纪录,颇为枯窘。有之,如成宗大德十一年武帝即位,闰七月"江浙、湖广、江西、河南、两淮属郡饥,……诏富家能

---

① 《元史》卷十一,本纪十一,世祖八。
② 《元史》卷十五,本纪十五,世祖十二。
③ 《元史》卷二十一,本纪二十一,成宗四。
④ 《元史》卷二十四,本纪二十四,仁宗一。
⑤ 《元史》卷二十七,本纪二十七,英宗一。
⑥ 《元史》卷四十一,本纪四十一,顺帝四。

以私粟赈贷者,量授以官"①。文宗至顺二年,"浙西诸路,比岁水旱,饥民八十五万余户,中书省臣请令官私儒学寺观诸田佃民,从其主假贷钱谷自赈"。② 顺帝至元二年十二月,"江州诸县饥,总管王大中贷富人粟,以赈贫民,而免富人杂徭,以为息,约年丰还之"。③ 以上皆官家因民之贫饥,诏令富民贷粟,且诱以官职免徭。由此可见元代民间贷粟之事甚少,纵有之,亦必以最高利率为条件,否则饥民决不待诏令,自能向富人假贷也。

(2)贷款

a. 官贷　元代官家贷款之制甚流行,颇似唐代之公廨本钱制。在中央政府大司农司下,专设有辅用库之机关,"掌规运息钱,以给供需"。④ 所谓规运息钱,虽不能即解释为放债取息,(包经商取赢而言)而放债取息,确为当时规运之主要办法。又如武宗至大二年,"三宝努言:……乞赐钞二百锭,规运取其息钱以为(参议府左右司、断事官、六部官)食。制可。"⑤此中央政府有官钱出贷取息以为政费之制。当时东宫太子府内亦有相当之制。"至元三十年,以钞本五千锭立库(广惠库),放典收息,纳于备用库。"而备用库设于至元二十三年,亦"掌……一切钱粮规运等事"。⑥ 是太子亦效皇帝为放债之事。以外诸王财政,亦以放债取息为收入之一项。仁宗延祐六年十一月,中书省言,"曩赐诸王阿济格钞三万锭,使营子钱,以给畋猎廪膳,毋取诸民"⑦;"至顺二年……时有诬告富民负永宁王官帑八百余锭者"⑧,足见当时诸王皆有官帑放债。

更观各地方政府如何。世祖至元二十二年八月,"给钞万二十四百锭

---

① 《元史》卷二十二,本纪二十二,武帝一。
② 《元史》卷三十五,本纪三十五,文宗四。
③ 《元史》卷三十九,本纪三十九,顺帝纪。
④ 《元史》卷八十七,志三十七,百官三。
⑤ 《元史》卷二十三,本纪二十三,武宗二。
⑥ 《元史》卷八十九,志三十九,百官五。
⑦ 《元史》卷二十六,本纪二十六,仁宗三。
⑧ 《元史》卷一三〇,列传十七,谔尔根萨里传。

为本,取息以赡甘、肃二州屯田贫军”。[①] 武宗大德十一年七月,从和林省请:乞如甘肃省例,给钞二千锭,岁收子钱,以佐供给。[②] 是当时各地方政府亦有政费之放利基金,以其收入补助经费之不足。

此外更有官办之机关,或特殊行政,竟以放债基金为其整个经费之来源者。如惠民药局,“官给钞本,月营子钱,备药物,仍择良医主之,以疗贫民。……初太宗九年,始于燕京等十路置局……给银五百锭为规运之本。世祖中统二年,又命王祐开局。四年,置于上都。至元二十五年……罢革之。至成宗大德三年,又准旧例于各路置焉。……其所给钞本,亦验民户多寡,以为等差”[③]。此官医院维持,皆采用放债基金制。又如驿传亦然。至元十四年二月,“立永昌路山丹城驿,仍给钞本千锭为本,俾取息,以给驿传之须”[④]。是驿政经费,亦完全寄托于放债取息之制。又如河工亦然。其维持费,往往全赖放债办法。蜀堰成后,“在官之积者,尚余二十万一千八百缗,责灌守以贷于民,岁取其息,以备祭祀及淘滩修堰之费”[⑤]。是此种行政机关之经费,完全为贷利。故当时放债情形与此种行政,可谓有切肤关系。此外尚有国家专门放债机关,其目的与办法,似南宋之抵库。至元二十二年正月,卢世荣奏准,“令各路立平准周急库,轻其月息,以贷贫民”。[⑥] 惟此无抵耳。

利息之发生于官家钱贷者,据正史所载,有如以上数种,较之宋代,又称昌盛。其收息之放债者系官府,而其生息之债主,则不可考。想官府放债既无限制,借债者当然各种职业者皆有。其借贷,有有质者,有无质者。

b. 私贷　元代私家贷款,自其贷者职业而分,又可分为数种。“最普通者,为商人之放债。如元太宗时,谭澄入觐,曾面陈官代民假债,积息数

---

① 《元史》卷十三,本纪十三,世祖十。
② 《元史》卷二十二,本纪二十二,武宗一。
③ 《元史》卷九十六,志四十五上,食货四。
④ 《元史》卷九,本纪九,世祖六。
⑤ 《元史》卷六十六,志十七下,河渠三。
⑥ 《元史》卷二〇五,列传九十二,奸臣卢世荣传。

倍,民无以偿。”[1]当时姚枢亦曾上言,谓:“自中统至今五六年间,外侮内叛,继继不绝,然能使官离债负,民安赋役,……皆陛下克保祖宗之基,信先王之法所致。”[2]由是可知,当时官民之假贷甚多,但何以知其为商人之贷乎？观太宗时王珍所言:“大名……贷借西域贾人银八十锭,及逋粮五万斛,若复征之,民无生者矣!”[3]及十二年限制回鹘以金贷官民之诏[4],则官民之从商人假钱生息甚明也。

更观泰定帝末,巴延密谋奉怀王为帝,乃贷商人货赀[5],可见元代自始至终,商人放债于官民而生利息之事,实甚经见。此种利息,为研究元代利息问题者所最当注意。是其放债收息者为商贾,尤其是外国商贾;借债生息者为地方官吏及平民,尤其是农民。

除此社会经见之借债以外,更有军官以私财放之军士而收息者。如世祖至元十年八月,曾有令“禁军吏之长,举债不得重取其息,以损军力”。[6] 成宗大德元年十二月,“中书省臣同河南平章博尔欢等言:……外部戍卒……军官……以钱贷之,征其倍息。”[7]此亦元代私人钱债利息之一种。其贷债收息者为军官,而假债出息者为兵士。

其余尚有团体放债者,如寺观、书院等。《元史》载,仁宗延祐六年六月,赐大乾元寺钞万锭,俾营子钱,供缮修之费。[8] 顺帝至元五年十二月,“诏复立大护国仁元寺昭应宫财用,规运总管府,凡贷民间钱二十六万余锭”。[9] 是元代寺观每有放债本钱,以生利息,而维持其消费。其书院从事贸易,如“子思书院,有营运钱万缗,贷于民,取子钱,以供祭祀”。[10] 足

① 《元史》卷一九一,列传七十八,良吏一,谭澄传。
② 《元史》卷一五八,列传四十五,姚枢传。
③ 《元史》卷一五二,列传三十九,王珍传。
④ 《元史》卷二,本纪二,太宗。
⑤ 《元史》卷一三八,列传二十五,巴延传。
⑥ 《元史》卷九十八,志四十六,兵一。
⑦ 《元史》卷十九,本纪十九,成宗二。
⑧ 《元史》卷二十六,本纪二十六,仁宗三。
⑨ 《元史》卷四十一,本纪四十一,顺帝四。
⑩ 《元史》卷一八〇,列传六十七,孔思晦传。

见当时社会，其私人团体放债甚多，可考者惟此二种耳。此种私人团体所放之债，究由何人受取而出息，亦不详。

此外更有当商所放之质债取息者[①]，惟其利息收付办法及放于何人，皆不可考矣。总观元代之利息，盖皆发生于钱贷；而且钱贷之在元最为流行，几为唯一之借贷。其放债收息者不外官府、军官、商人，及私人团体之寺观、书院等；而借贷出息者，则为地方行政官吏、农民，及兵士。其借贷关系、限期、利率之详细办法，盖由临时契约订定，即所谓“契券”或“信帖”是也。[②]

第二节　元代利息率之高低

自上节之分类研究，已见元代普通借债取息者，即官私钱贷。兹更就此有息之官私钱贷，观察其利率之高低。

（1）官贷

当时官贷，如前所述，种类本甚多，然究不知其取息之高低。所可考者，惟官贷中之惠民药局。按《元史》云，“立惠民药局，官给钱本，月营子钱，以备药物。……世祖中统四年，置局于上都（即今燕京）。每〔局〕中统钞一百两，收息钱一两五钱”。[③] 百两之本，每月收息一两五钱，每年收息十八两，其利息率为年利百分之十八（18%），利甚低也。至于至元卢世荣奏立之平准周急库，但知其轻其月息[④]，未知其息率究竟几何。且平准周急库，目的本为济贫，亦不能以其利率代表一般之官贷息也。

一般之官贷钱债利率，虽无史迹可考，然其高低可以推知。官家各级政府、各机关之所放债，大率放之典当。惠民药局之所放，收利既为年利

---

① 《元史》卷一〇五，志五十三，刑法四。
② 《元史》卷一〇五，志五十三，刑法四。
③ 《元史》卷九十六，志四十五上卷，食货四。
④ 《续资治通鉴》卷一八七，世祖，三叶，中华四部备要版。

率百分之十八,其他官方放债亦当与此相若,决不能自放高利贷也。盖自世祖以后,法定放款利息不过月利三分(详五节),典当存官家之款,决不肯亦给三分之利。此理至明,无待详解。

(2) 私贷

关于私贷钱债之利率,见于史书者甚多。太宗时,“史天泽传”谓:“天泽还真定,……贷钱于西北贾人……,累倍其息,谓之羊羔利。”[①]“王玉传”谓:“假赵州庆源军节度副使,有民负西域贾人银,倍其母。”[②]由此可见,元初平民,借债利息之高,所谓倍息倍母,其意相同,即利率高至年利百分之一百也。嗣至“世祖即位,……命博啰哈雅使真定,真定富民出钱贷人者,不逾时,倍取息”[③]。是在元朝统一中原以后,其民间息率仍甚高,乃至加一之谱。

以上所述,乃系民人借商人钱债之息。更观官吏之借债,其息是否不同?元初(太宗时)“耶律楚材传”谓:“先是州郡长吏,多借贾人银以偿官,息累数倍,曰羊羔儿利。”[④]又见“谭澄传”:“为交城令,……(民多浮客)官为称贷,积息数倍,民无以偿。”[⑤]足见元初官吏之借债,息亦不减于平民。世祖时,董文炳“为藁城令,……(前令)称贷于人,而贷家取息岁倍”。观于此,则是元朝定鼎以后,其官吏借债,利息率仍至百分之一百(100%)。六十年后,政和元年八月,巴延尝“贷商人货赀,约倍息以偿”,[⑥]其息率依然。

总上而言,则元代社会上最普通之商人放债,无论其取债者为谁何,其利率皆至加倍之高。惟商人放债尚有典质商人,其息率高低已不可考,其息率(尚)〔当〕与普通商贷相若。

---

① 《元史》卷一五五,史天泽传。
② 《元史》卷一五一,列传三十八,王玉传。
③ 《元史》卷一二五,列传十二,博啰哈雅传。
④ 《元史》卷一四六,列传三十三,耶律楚材传。
⑤ 《元史》卷一九一,列传七十八,良吏十一,谭澄传。
⑥ 《元史》卷一三八,列传二十五,巴延传。

除此而外，有息钱债，尚有军官放于兵士，及私人团体之放债二种。军人放债利息，如成宗大德元年十二月，“中书省臣同河南平章博尔欢等言：……军官……以钱贷之，(戍卒)征其倍息”。[①] 可见军官对兵士之放债，亦与商人债同，其息率亦为年利百分之一百也。至于私团体如寺观、书院等之放债，其息率不可考，然其放债目的本为收入，若自为放债，其息率亦当与民间利率相当，与法律所给之最高限制相当。世祖以前，约为加一之率(100%)。世祖十九年以后，为年利百分之三十六(见后第五节)，否则放之典当，则利息必较低也。

经以上之研究，可以断言元代利率之高矣；但此仍从名义上而见其高。若更就其实际考察，尤见其利息之重。何以故？元代商人之计息，盖以年为时间之单位，而其计息法，则不以单利而以复利计之。换言之，即其利贷资本之积累，非依算学之基数，乃以几何之基数而增进。前述之“羊羔儿利”即是。按《新元史》谓：“官吏贷回回银，本年息倍之，次年并息又倍之，谓之羊羔利。”[②]“次年并息又倍之”之意，即次年复以前年之息为本而计息，其利息之重可想而知。若依单利而计，十年之息，不过加本十倍；若依复利计，则十年可增百倍，二者相差盖甚远也。

然于此尚有应注意之点，即以上所述之高利率史料多属元初记载。成宗以后，惟巴延之高利债。而巴延为环境所迫，紧急筹款，故为高利借款，特殊情形，不足以代表当时一般之贷利。由此更可进一步论之，元代社会一般之钱债利率甚高，乃至按年加倍，且以复利法计利，可谓为历史(中国史)少见之现象。惟此种现象，乃系元初(自太宗至成宗)之普通现象，嗣后数朝，少此高利记录，其息率当渐减于前也。(其详见后第三节。)

① 《元史》卷十九，本纪十九，成宗二。
② 《新元史》卷一二七，列传二十，耶律楚材传。

第三节　元代利息之所以高低之原因及影响

(1) 民间利息所以高之原因

当时借贷利息所以高之原因,约言之,可分为三:

a. 政令暴急　按元代高利债之存在,普通皆由官吏与农民借自商贾,间由兵士假自军官。何以官吏与平民必自商人以高利借贷?可自史迹考究之。兹先就民人之借贷者观之。王珍言于太宗曰:“大名困于赋调,贷借西域贾人银八十锭。”[①]至元二年监察御史特穆尔布哈建言:“陕西(盐)运司官,不思转运之方,每年预期差人分道(赍)〔赍〕引,(偏)〔遍〕散州县。甫及旬(日)〔月〕,杖限追钞,不问民之无有……一概给散。少者不下二三引,每一引收价三锭,富家无以应办,贫下安能措画?粜终岁之粮,不酬一引之价。缓则输息而借贷,急则典鬻妻子。”[②]由此可见平民借贷,皆租赋不良,迫之使然也。更观官吏何以借债?严忠济“治东平,日借贷于人,代部民纳逋赋,岁久愈多”。[③] 耶律迈格“袭其父中都之职时,供亿浩繁,屡贷于民,迈格悉以私帑偿之”。[④] 史天泽在真定,“时政烦赋重,贷钱于西北贾人以代输,累倍其息。……继以岁饥,假贷充贡赋,积银至一万三千锭”。[⑤] 董文炳为藁城令,“前令因军兴乏用,称贷于人,……县以民蚕麦偿之。文炳曰:民困矣!吾为令,义不忍视也,吾当为代偿”。[⑥] 可见当时官吏之借债,非自借也,皆代百姓假贷以输租赋。其所以必借之原因,与民债同。故姚枢之颂世祖,则以“官离债负,民安赋役”

---

① 《元史》卷一五二,列传三十九,王珍传。
② 《元史》卷九十七,志四十五下,食货五。
③ 《元史》卷一四八,列传三十五,严实传。
④ 《元史》卷一五〇,列传三十七,耶律阿哈传。
⑤ 《元史》卷一五五,列传四十二,史天泽传。
⑥ 《元史》卷一五六,列传四十三,董文炳传。

并言[①],其意盖以二者本为一事,不能分离也。由此足见当时平民本贫困,更兼政府之搜括烦急,平民无力应付,故不能不由民政官吏贷民,或由平民自动向富商借债,以其对于贷本需要之切迫,于是其贷借条件乃益苛,贷利固以高。

b. 资财之垄断　高利债之需要者,间为兵士,前已述之,而兵官之间,何以有高利债之存在?观大德元年中书省所奏,"外部戍卒封桩钱,军官迁延,不以时取,而以钱贷之,征其倍息"[②],是兵士之所以"饥寒不赡"[③],非借债不可,皆军官之垄断使然。因军官之垄断,而军士间感金钱之不足,非借贷不可,供给愈少,需要愈急,而钱利愈高。

此外,夷考元朝史料,当时之高利贷款,盖皆由外商放出者,此何以故?当略言之。元以蒙古人入主中国,其遇汉人及色目人,大有不平等之处。[④] 最显然者,为居官科举之不平等,至于三阶级之受法律保护亦不一致,优待蒙古及色目而冷遇汉人。就居官而论,明叶子奇谓:"(元)天下治平之时,台省要官皆北人为之。汉人南人,万中无一二。其得为者,不过州县卑秩,盖亦仅有而绝无者也。"[⑤]更自法律考之,既禁汉人之殴蒙古人,复禁汉人之还殴[⑥],其不平至矣。至于租税科差之际,其待遇亦不一致。[⑦] 因此待遇之不同,汉人南人之财富,渐渐集中于蒙人及色目人之手,乃显然必至之结果。故元末韩山童檄天下曰:"贫极江南,富称塞北。"[⑧]而就(蒙人与色目人)中,尤以回回及犹太族人最善营利,且贸易之经验宏富(回回自八世纪始来中国经商)[⑨],乃能于元代不平等的政治制

① 《元史》卷一五八,列传四十五,姚枢传。
② 《元史》卷十九,本纪十九,成宗二。
③ 《元史》卷一〇二,志五十,刑法志一。
④ 汉人、色目人及蒙古人所包各族之名称,与三阶级待遇不平等之事实详情,可参看日本箭内亘著《元代蒙汉色目待遇考》(陈译本)。
⑤ 叶子奇:《草木子》卷三上,克谨篇。
⑥ 《元史》卷七,世祖纪;卷一〇五,刑法志。
⑦ 《元史》卷九十三,志第四十二,食货一。
⑧ 叶子奇:《草木子》卷三,克谨篇。
⑨ 桑原骘藏:《蒲寿庚考》(陈译),第一章,二页。

度下,将中国之资财(以金银、钱钞货币状态)集中,一方面固可以之经营市舶或其他利润较大之贸易,一方面则在腹地放高利债。于是所谓"西北贾人"贷钱[①]、"西域贾人贷银"[②]、"回鹘金"[③]、"回回银"[④]、"斡脱钱"[⑤]者皆出现。回回犹太商人之本钱,几为元初唯一之放债来源,势可居奇,亦当时借贷利高之一原因。

c. 货币价格之不稳定　元代政府未尝铸币,惟发纸钞,通行全国。其所发纸币,可以列表如下[⑥]:

钞名	中统交钞	中统元宝钞	至元钞	至大银钞
使用时限	只造一年	每年造	每年造	只造一年
所权物	丝	丝、银	丝、银、金	丝、银、金
兑换情形		不兑现	不兑现	
发行额		每年至少三万锭,至多二十八万锭	每年至少二十六万锭,至多五千万锭	一四五万锭
规定价格及其变动	每交合丝一两银五分	分十文至二千文九种,每千文合交钞一两,又合白银半两	每贯合中统钞五贯,银五两,金五分。十八年后,跌价至五分之二	自二两至二厘十三等,每两合至元钞五贯,银一两,金一钱
兴废纪要	世祖中统元年造	世祖中统元年起造	世祖至元二十四年起造	武宗至大二年造

纸币流通之普遍,实为元代经济之特色。元初连年征伐,军费浩繁。其战征之进行,胥赖大量纸币之发行。但嗣后钞法紊乱,滥发无限,于是新者一出,旧者跌价,甚至跌落有同废纸。[⑦] 此种跌落,促使一切物价腾贵,即于支付贷借资本之贷价(利息),据理言之,亦必上腾。惟查元代史料,未能确示此种关系,是可异耳。虽然,其必为当时高利之一原因,乃可断言者也。

① 《元史》卷一五五,列传四十二,史天泽传。
② 《元史》卷一五二,列传三十九,王珍传。
③ 《元史》卷二,本纪二,太宗。
④ 《新元史》卷一二七,列传二十,耶律楚材传。
⑤ 《元典章》卷二十七,户部十三,斡脱钱。又见《食货》一卷七期。
⑥ 王志瑞:《宋元经济史》,第七章。
⑦ 郑行巽:《中国商业史》,第二编,第十九章。

(2) 贷利高之影响

因以上三种原因,遂造成当时贷本需供关系之不均衡,需要甚强,供给不足,而表现于具体之事实,即为贷利之高涨。因贷利之高,又影响而得下之结果:

a. 农民破产　高利贷之借者,前已述之,乃为官吏、农民及兵士。而官吏之借债,亦正为贫民而借,是以首被高利贷所困者,即为贫民。如《元史·谭澄传》云:"乙未籍民户,有司多以浮客占籍,及征赋,逃窜殆尽,官为称贷,积息数倍,民无以偿。"[①]又,王珍言于帝(太宗)曰:"大名……借西域贾人银八十锭,及逋粮五万斛。若复征之,民无生者矣!"[②]董文炳治藁城,亦尝以民间贷债息高,叹曰:"民困矣! 吾为令,义不忍视也,吾当代偿。"[③]凡此皆足以见平民(大多数为农民)受高利之盘剥,其惨状,为上之官吏,皆不忍睹。更观世祖至元二十九年为"斡脱钱"而下之圣旨,内有云:"做头口与来的,斡脱每真个被不拜户要了呵";又,大德二年一条:"吉只大王令,蛮子田地里属俺的,斡脱钱本钱利钱不纳。有这赡速丁、马合谋,为头使臣女孩小厮用著的物,俺根底出来的时分,驰驮斟酌着铺马,他每根底与着交出的。"[④]句读虽不甚清,而其大意则谓,南方民人欠犹太债者,犹太人每驰驮债务人之男女人口及器具折债,是真破人之产矣。此为高利之第一结果。

b. 资本集中　元初高利贷之放债者既多属之商人,则利率高之结果,当然商人得利,而其资本愈集中,商业规模愈宏大。此其最显然之例证,即为元成宗时代之朱、张两家富豪。《元史·吴鼎传》云:"浙有两富豪曰朱、张家(即朱清、张瑄),多贷与民钱。"[⑤]更观《辍耕录》云:"二人

① 《元史》卷一九一,列传七十八,良吏一,谭澄传。
② 《元史》卷一五二,列传三十九,王珍传。
③ 《元史》卷一五六,列传四十三,董文炳传。
④ 《元典章》卷二十七,户部十三,斡脱钱。
⑤ 《元史》卷一七〇,列传五十七,吴鼎传。

者,田园宅馆遍天下,库藏仓庾相望,巨艘大舶交番夷中。"[①]其商业之大,资本之多,自此可见。吾人固不能竟谓其资本之集中,皆高利贷之结果,但高利贷确为其资本集中之一因子。至于成宗以后,如泰定帝四年时,"西商鬻宝,动以数十万锭","中书省臣请酬哈〔克〕散等累朝售宝价钞十万二千锭"[②],此皆足以见西商之资本集中,迨亦受元初高利放债之影响也。

c. 官僚富强而兵力衰弱　高利之第二形态,即军官放给兵士而取高利。此其结果,甚为明显,即官僚借此集中贷本,而兵士贫苦因以逃亡。观武宗至大二年秋七月曾有旨"禁权要商贩以挟圣旨、懿旨、令旨,阻碍通河民船"[③];更观仁宗延祐元年,省臣言"始开河(会通河)时,止许行百五十料船,近年权势之人,……贪嗜贷利,造三四百料或五百料,于此河行驾,以致阻滞官民舟楫"[④];五年二月,"敕上都诸寺权豪商贩货物,并办理税课"[⑤],此所谓权要、权豪、权势之人,皆官僚也,而军官当然亦为此中分子之一。其商贩之资本,必有以高利之手段积累而成者。此为放债者之结果。至于借债者之兵士,则因利息之高,无力偿还,惟有逃亡了债。故《元史》载,大德元年"十月戊戌,中书省臣同河南平章博尔欢等言,世祖抚定江南,诏江上下置戍兵三十一翼,今无一二,惧有不虞。外部戍卒封桩钱,军官迁延,不以时取,而以钱贷之,征其倍息。逃亡者,各处镇守官及万户府,并遣人追捕,皆非所宜"[⑥]。此种情形,皆高利迫之使然。

d. 高利贷者之势横　元代高利之影响,乃使高利贷者得横财。其结果,高利贷者之势强横。(其详述于次节。)

e. 关于重利之思想及法制　因利息之高,而其反响,遂有反高利之思想。更由当局者以此思想具体化,乃为反高利之法制。(详见第五

① 陶宗仪:《辍耕录》卷五;《蒲寿庚考》。
② 《元史》卷三〇,本纪三十,泰定帝二。
③ 《元史》卷二十三,本纪二十三,武宗二。
④ 《元史》卷六十四,志第十六,河渠一。
⑤ 《元史》卷二十六,本纪二十六,仁宗三。
⑥ 《元史》卷十九,本纪十九,成宗二。

节。)此皆受高利息之影响而成之结果也。

第四节　元代高利贷者之情势

元代高利贷者之势强横,可自数方面观察之:

(1) 高利贷者索债之酷烈

高利贷者,因借债者一时不偿,每以最残酷之手段恶索。观《元史·王盘传》载,谓:"(世祖时)拜翰林直学士,同修国史,出为真定、顺德等路宣慰使,……郡有西域大贾,称贷取息,有不时价(按:此应为偿字之讹),辄置狱于家,拘系榜掠其人。"[①]更观"廉希宪传",亦有相似之记载,至元十一年"诏起希宪为北京行省平章政事,……有西域人自称驸马,营于城外,系富民。其祖父尝贷息钱,索偿甚急"[②]。由此可见当时高利贷者恶索之概况矣。若更观《元典章》记载犹太人之索债,益明。按大德二年一条,吉只大王令:"蛮子田地里属俺的,斡脱本钱利不纳。有这赡速丁、马合谋为头使臣女孩小厮用著的物,俺根底出来的时分,駞驮斟酌着铺马,他每根底与着交出的。……仰诸王投下索债人员,须管于宣抚司与欠债人当面照得委是己身钱债,另无异词,依一本一利归还,勿得径直于州县将欠债官民人一面强拽拖行人口头匹,准折财产,骚扰不安。如违,定行治罪。又先钦奉圣旨,节该:江南平定之后,悉为吾民,今十有八年,尚闻有营利之徒以人为贷。今后南北往来返人客旅并行禁止。钦此。已经札付合属去处。钦奉圣旨事意,勿得纵令收买良民。违错、欠少斡脱钱债人等,依例施行外,据转送孩儿媳一节,即系以人为贷事理,移准都省咨该请钦依圣旨事意施行。"[③]由此更可以见高利贷之索债,直使用暴力,牵人牲

---

① 《元史》卷一六〇,列传四七,王盘传。
② 《元史》卷一二六,列传十三,廉希宪传。
③ 《元典章》卷二十七,户部十三,见"诵芬室丛刊"。

畜,驮人子女少妇,掠夺人之器物,以折息债,残酷极矣!此所以高利贷,往往以索债而致人于死命,如《齐东野语》言:"朱承逸居霅城东,尝五鼓趋郡,过骆驼桥下,哭声哀,视之,有负势家钱者,贫无以偿,率妻子将赴水。朱恻然,遣仆护之归。且躬往其家,见债家悍仆在门,朱因好言喻之,曰:彼既无所偿,逼之何益?"[①]逼人至合家皆死,其酷尤甚于破人家产矣。

(2) 官吏之受制于高利贷者

不惟平民受高利贷之制,即官吏亦不能不为所屈。如《元史》耶律楚材谓:"州郡长吏多借贾人银,……至奴其妻子,犹不足偿。"[②]又如"史天泽传"谓:"天泽还真定,……假贷充贡赋,积银至一万三千锭。天泽倾家资,率族属官吏代偿之。"[③]又如藁城令"董文炳传"谓:"前令因军兴乏用,称贷于人,……文炳乃以田庐若干亩,计直与贷家。"[④]是官吏亦受高利贷者之剥削、压迫,至于妻子田产尽被贷者所夺。高利贷者之势,可谓豪强矣!迨至泰定帝末,巴延欲举大事,亦不能不乞助于高利贷者[⑤],尤见其势自元初而来,数十年犹存于社会。

(3) 高利贷者之目无法纪

高利贷者,不惟豪强残酷,而且狂妄,玩视国法。如前述之王盘及廉希宪传事,其西域贾人,于榜掠称贷者之余,竟恃势于官府,直来坐厅事,指麾自若。[⑥] 或因系民被控,行省命收捕之,竟发怒"乘马入省堂,坐榻上"。[⑦] 其狂妄之气,竟视法纪如无物也。更观成宗大德九年张弼之案,则玩视国法,尤使人可畏。"初开平人张弼家富。弼死,其奴索钱民家,弗

① 周密:《齐东野语》,载《渊鉴类函》卷二八八,人部四七。
② 《元史》卷一四六,列传三十三,耶律楚材传。
③ 《元史》卷一五五,列传四十二,史天泽传。
④ 《元史》卷一五六,列传四十三,董文炳传。
⑤ 《元史》卷一三八,列传二五,巴延传。
⑥ 《元史》卷一六〇,列传四七,王盘传。
⑦ 《元史》卷一二六,列传三三,廉希宪传。

得,殴负钱者至死。有治其狱者,教奴引弼子,并下狱,丞相特们德尔受其赂六万缗”[1],“特们德尔使大奴胁留守贺巴延出之,……(嗣由扬)多尔济廉得其所受弼赃巨万万,大奴犹数千。”[2]由此益见高利贷者之残酷与狂妄,竟以金钱之力,破坏国法也。

总上数点,已可见元初高利贷者在社会上之势力,可称强横已极。此实其富力较优越于当时之各阶级,有以致之。

第五节　元代关于利息之思想及法制

(1) 关于利息之思想

高利之影响,乃构成社会上反重利之思想及法制。元代平民贷借,钱债利息颇高,于是有一部分人,其思想乃完全立于反重利之态度。如元初塔本“徙治兴平,贷廉吏银,其子钱不能偿者,焚其券”,[3]此其意岂非为官吏之常被困于高利,故为此举,以矫世风乎? 惟此种补救办法,与世之影响至小,于是更有限制高利之立法运动。耶律楚材尝奏世祖,请“令本利相侔而止,永为定制。民间所负者(羊羔利),官为代偿之”。[4]而此之奏言,竟克生效。世祖已照所议下诏,而民间仍有违法放利者,故刘秉忠又上书云:“今宜打算官民所欠债负,若实为应当差发所借,宜依汉皇帝圣旨,一本一利,官司归还。凡有赔偿,无名虚契所负,及还过元本者,并行赦免。”[5]此皆欲以法律力量限制高利者。其外更有欲以法律力量,断绝高利者。如世祖时之姚枢,尝为书数千言,论及救时之弊,为条三十,曰:“……停债负,则贾胡不得以子为母,破称贷之家。”[6]是其鉴于高利之破

---

① 《元史》卷一七九,列传六六,贺胜传。
② 《元史》卷一七九,列传六十六,扬多尔济传。
③ 《元史》卷一二四,列传十一,塔本传。
④ 《元史》卷一四六,列传三三,耶律楚材传。
⑤ 《元史》卷一五七,列传四四,刘秉忠传。
⑥ 《元史》卷一五八,列传四五,姚枢传。

坏人之产业,拆散人之家庭,痛恨至极,故为此愤激之语,将并一切债负而停止,虽其言不能行,然可以代表当时一部分受高利所困之官民,稍申衷曲,有相当之价值。至于至元二十二年卢世荣所奏:“宜令各路立平准周急,轻其月息,以贷贫民。”①此其言为贫民而贷,固不必为其心声,然其足以为当时大众所同情,则可断言也。

(2)关于高利息之法制

元代民间利贷之流行已见前节,故国家在当时亦不能否认利息之存在,而且亦无意禁止之。此由其“辅用库”(在大司农司下)、“备用库”、“广惠库”,以及各级政府及各种行政机关之采取放债基金制(俱见前第一节),更有由中央政府赐给放债钞本者,是则国家当局者已竟视放债之利息为合法矣。

至其于利息率之态度如何?则可先就其官家贷钱之利率视之,以身作则,其息几何?按《元史》国“立惠民局,官给钞本,月营子钱,以备药物”,“每中统钞一百两,收息钱一两五钱”②,是其息率不至二分。其所以取利如此之轻,亦或有矫通俗利息过高之意也。

国家不仅消极的以轻息而率平民,并积极的立为限制,以拘束社会之高利。考太宗十二年以回鹘金利重,其害为甚,诏:“凡假贷岁久,惟子本相侔而止,著为令。”③其《元史·谭澄传》所云:“澄入觐,因……陈其(高利)害,太宗恻然……(令)其私负者,年虽多息,取倍而止。”④盖即谓此诏。至世祖之时,又重申此令之意,至元六年九月戊午,“敕:民间贷钱取息,虽逾限,止偿一本息。”盖太宗诏后,民间高利依然过倍息,故重申此令。至至元十九年夏四月,乃有更进一步之立法,即定民间贷钱取息之

① 《续资治通鉴》卷一八七,世祖,三页。
② 《续文献通考》卷三二,国用考,振恤,三二、四六叶。
③ 《续文献通考》卷三三,国用考,蠲贷,十五叶。
④ 《元史》卷一九一,列传七十八,良吏,谭澄传。

法,以三分为率。[①] 此种立法,在领土广大与民族复杂之国家,固难十分生效;但强性法律,较诸以上之弹性太大之条文,其拘束高利之力确较强大。

以上法律之规定,仍限于高利息率之问题;其余高利贷之恶索、强占,尚欠约束。故又有律条云:"诸称贷钱谷,年月虽多,不过一本一息。有辄取赢于人,或转换契券,息上加息,或占人牛马财产,夺人子女,以为奴婢者,重加治罪,仍偿多取之息。其本息没官。"[②]是不仅限制利率之高,而且禁止放债者之以复利率计息。虽掉期新契,而贷借关系继续,亦在禁止之列。其规定可谓细矣。至于强占恶索之必罪,亦为当时高利之势所迫(详见前节),不得不有此规定。

当时借债生息之事,除发生于普通借债外,尚有当商质库之有抵押放款,与普通之无质者性质既不同,其利息乃有特殊规定之必要,故有"诸典质,不设正库,不立信帖,违制取息者禁之"。[③]

据前研究,高利贷之放者,不外商人与军官。关于普通商人贷息之法律,已如前述。至于关于军官贷利者,尚须考究。关于此种贷利之诏令,如世祖至元十年八月,"禁军吏之长举债,不得重取其息,以损军力,违者罪之"。[④] 至元二十年十一月,更有诏:"禁云南权势多取债息。"此皆对军官高利贷而言。惟其诏文,笼统而言勿取重息,不若限制平民之谨严。但其定罪,则又较平民为重。观其军法有云:"诸枢密院及各省所部军官,其麾下征者、戍者、出者、处者,饥寒不赡,役使不均,代以私人,举债倍息。惟贷贿是图,以苦士卒,以耗兵籍。百户有罪,罪及千户;千户有罪,罪及万户;万户有罪,从枢密院及行省帅府,以其状闻,随事论罪。"又条云:"诸军官役其出征军人家属,又借之钱而多取息者,并坐之。"[⑤]此其规定,

① 《元史》卷十二,本纪十二,世祖九。
② 《元史》卷一〇五,志五十三,刑法四,禁令。
③ 《元史》卷一〇五,志五十三,刑法四,禁令。
④ 《元史》卷九十八,志四十六,兵一。
⑤ 《元史》卷一〇三,志第五十一,刑法二。

凡军官之贷钱于兵士及兵士之家属者，其取息如过重(既无具体说明，想其息率限制，当同一般债息之规定)，则以各级(联)〔连〕坐法治罪，其法可谓严矣。

此外刑法尚有“诸监临官辄举贷与民者，取与俱罪之”之条①，系仍依前代法律之旧而立。至于与利息有关之诏令，尚有世祖中统三年正月之诏，“以军兴人民劳苦，敕停公私逋负毋征”。② 七月诏，“民当输赋之月，毋征私债”。③ 九月又“敕济南官吏，凡军兴人民公私逋负，权阁毋征”。④至元四年七月诏，“伊齐纳新附贫民，从人借贷，困不能偿者，官为偿之”。“十三年二月诏谕临安新附府州司县官吏、士民、军卒人等，公私逋欠，不得征理。”⑤凡此诏令，勿论权阁，或免征，要之，其意不外为高利而发也。

总观以上关于利息之思想与法制，已可见当时高利与人之刺激甚深。一般人论及高利，皆持反对之态度，而国家法律则于利息之规定甚严密，皆当时高利影响所得之结果。元初既有如此严厉周密之法制，疾愤高息之思想，当然与社会经济有极大之影响。观成宗以后，史书无高利之记载，据此可知，此高利现象已渐绝迹于社会，其一般利率已竟降低。所以能有此结果，其原因固甚多，然亦受元初思想及法律之影响所致也。

---

① 《元史》卷一〇五，志第五十三，刑法四。
② 《元史》卷五，本纪五，世祖二，一叶。
③ 《续文献通考》卷十六，职役考元，五叶。
④ 《元史》卷五，本纪五，世祖二，五叶。
⑤ 《续文献通考》卷三十三，国用考，蠲贷，十七、二十叶。

第七章　明考(1368—1643年)

第一节　明代利息之种类及其收付

欲考明代利息之发生及其所存在之各种场合，仍当按贷谷、贷款分类观察之。

(1) 贷谷

明之贷谷，仍可分官、私二种：

a. 官贷　明自太祖灭元，统一中原之后，对于仓储之制颇为留意。洪武初，令户部运钞二百万贯，往各府州县，预备粮储，"收贮以备灾荒"。[①] 及至世宗嘉靖六年，以谕德顾鼎臣言，"预备无粒米"，[②]有令："抚按二司，督责有司设法，多积米谷，以备救荒，仍仿古人平籴常平之法，春间放赈贫民，秋成抵斗还官，不取其息。"[③]"府积万石，州四五千石，县二三千石为率。"[④]是此种仓储虽为贷民而设，但不取其息。斯为明代仓储之一。

宣宗宣德八年，工部侍郎周忱奏定济农仓之法。[⑤] "中下户不能耕，

---

① 《续文献通考补》卷十九，田土补，清钞本。

② 《筹济编》卷三十，裕仓储，十三叶。

③ 《大明会典》卷二十二，户部九，仓庾二，各司府州县卫所设仓，万历本。

④ 《续通典》卷十六卷，十八叶，武英殿本。

⑤ 《古今图书集成·食货典》卷一百，荒政部，艺文七之六。

若凶札无食者,贷给,秋成还官。”[1]朝廷从其言,“于是令诸县各广济农仓贮……每岁插莳之际,于中下二等户内,验其种田多寡,齐分给之。秋成还官”。[2] 此系官贷民粟而不收息者。斯为明代仓储之二。

由此可断言,明代官家贷粟,非为息贷也。除此而外之谷物贷则不可考矣。

b. 私贷　普通私人贷粟,盖皆为息贷。此种息贷,又可分为个人贷与团体贷二种:

(1) 个人贷。成祖永乐初,刘辰为江西布政司参政,曾以岁饥,劝富民贷饥者,蠲其徭役,以为之息。官为立券,期年而偿。[3] 故史书谓:“二祖仁、宣时,仁政亟行,……且令大户贷贫者粟,免其杂徭为息,丰年偿之。”[4]由此可见当时社会私人贷粟,盖为有息之贷,否则固无须以劝贷而免徭役也。林希元曾上疏云:“幸而残冬得度,东作方兴,若不预为之所,将来岁计,复何所望?故牛种一事,犹当处置。臣召父老计之,自立一法:……无种之人户,令富人户一人借与十人,或二十人。每人所借杂种三斗,或二斗。耕种之时,令债主监其下种,不许因而食用。收成之时,许债主就田扣取,……亦加其息。”[5]王真之为《济农仓记》,周忱之奏设义仓[6],姚夔之论预备仓[7],皆曾论及农人借粟出息之苦。由此可见,明代民间借粟皆为有息之债,且其息率不低也。

(2) 团体贷,即里社仓之贷粟。明于世宗“嘉靖中,侍郎王廷相言:备荒之策,莫善于古之义仓,……宜贮之里社,定为规式。一村之间,约二三百家为一会,每月一举。第上、中、下户捐粟多寡,各贮于仓。而推有德者

---

① 王原深:《学庵类稿》,史志类四,明食货志卷四,赋役。
② 《古今图书集成·食货典》卷二三九,平准部,总论三之十八;又见《续文献通考补》卷十九。
③ 《古今图书集成·食货典》卷二三九,平准部,总论三之十九。
④ 《实政录》,风宪约,卷六。
⑤ 杨起元:《乐昌义仓记》,载《古今图书集成·食货典》卷一百二,荒政部,艺文九之十二。
⑥ 《明史》卷一五〇,列传三十八,刘辰传,七叶。
⑦ 《明史》卷七十八,志五十四,食货二,十二叶。

为社长,善处事能会计者副之。若遭凶岁,则计户而散。先中、下者,后及上户。上户责之偿,中、下者免之。凡给贷,悉听于民……从之”①。斯之农民借贷合作团体,其贷粟按王廷相之说,似仍为无息者。然更观吕新吾《实政录》云:“凡官银除正项起存外,其余新旧贮寄在库各色银钱,但遇谷贱之年,尽数籴买。每年春散,分为三等:极贫平借,至秋抵斗还仓;次贫息借,至秋加二还仓;稍贫赊借,以春放之直,收秋成之谷。五年而粟倍,倍则以额粟还官仓,以倍粟为社本。凶则当年缓三借之征,大凶则极贫免还,寡妇孤儿之贫者免还,流移者免还。息借赊借者,待丰而还。名曰两利仓。”②足见里社仓之贷粟亦有有息者,惟其息甚低。更考乐昌县义仓,其粟由富民出集。“每岁季春朔,发仓听贷。秋大熟,征息二,小饥息一,大饥免。及本息之权也,停其息。唯石五升之耗(谷入)。……贷每十人连结,中推二人保。比其收也,征诸保。”③是亦为息贷,惟息有时而停耳。

由以上之考究,则可断言明代之平民团体贷粟,有为息贷者,惟其息甚微。

(2)贷款

明代放债,除放粟债而外,尚有钱债,亦分官私贷研究之。

a. 官贷　有明一代,概无官家贷钱之制;间或有之,如驿丞大使,对于徒夫,“一不如意,便加凌虐,以官钱放债,领银则加倍扣还”。④ 此种高利贷钱,虽系官钱出放,然其存在,既非合法出贷,又非经常现象,故不能谓为官贷,宁可谓之为驿丞大使之私贷更妥。

b. 私贷　明代私人钱贷,自其借贷手续而言,可分为质贷及无质贷。

① 《筹济篇》卷十二,借贷,九叶。

② 《救荒补遗》卷下,八十六叶、九十四叶。

③ 杨起元:《乐昌义仓记》,载《古今图书集成·食货典》卷一百二,荒政部,艺文九之十二。(家红按:原书误注为“《明会要》卷五十六,食货四,预备仓,十四叶。”经查不实,改之。)

④ 《实政录》,明职,卷之一,三叶。

质贷即“典当田地器物等项”之债[①],无质贷即普通无低押之钱债。二者皆息贷也。更自其借债者而分之,又可分为数种:

第一平民借贷。如英宗正统时,外戚孙忠家奴曾“贷子钱于滨州民”[②];嘉靖时尝有“尚膳少监黄雄,征子钱,与民哄”[③];万历时,梅国桢“除固安知县,中官诣国桢,请收息于民”[④],观于此,则明之平民假钱债者盖皆有息,且多自官僚借得者。

第二为兵士借债。《全辽志》载:“李辅巡按御史条陈辽东八事疏,……一给粮饷……今辽堡之兵,其朝夕之计划,皆出息借贷。”[⑤]更观《明史》,“万历二十九年……(曹珗)督皇城四门仓,卫军贷群珰子钱,偿以月饷”。[⑥] 足见明代军士之借息债,乃常见之现象。此外漕运兵士亦然。孝宗弘治元年,都御史马文升(常)〔尝〕疏论运军之苦,言:“春兑秋归,艰辛万状。船至张家湾,又雇车盘拨,多称贷以济用,此往来之苦也。其所称贷,运官因以侵渔,责偿倍息。”[⑦]世宗嘉靖三十五年,顾鲸以御史“出视仓场,奸人马汉,怙定国公势,贷子钱漕卒”。[⑧] 是漕运兵士亦取息债。其放债者,仍多为官僚,其或不为官僚,亦有官僚为之后盾也。

第三则为公役之借债。按《实政录》云:“季支工食,不便有二,一则贫役预先揭债,领出官银,止供债主之息,如轿扛夫是已。”又如驿递,“夫马月支者,务在月头支销。季支者务在季头,不许过半月,致令揭债,以累贫难”。[⑨] 可见明代公役之借贷出息者,往往有之,故吕新吾特为此说,以禁戒为官者耳。此其贷者为何许人,则不可知。

除以上所述三种钱债利息而外,尚有一种非正式之借债,而其实有利

---

① 《大明律例》,三册,卷五,户律三,田宅,十叶,典卖田宅,隆庆刻本。
② 《明史》卷三百,列传八十八,外戚孙忠传,六叶。
③ 《明史》卷二百十五,列传一〇三,骆问礼传。
④ 《明史》卷二二八,列传一一六,魏学曾传,三叶。
⑤ 《全辽志》卷六,艺文下,经略。
⑥ 《明史》卷二百五十四,列传一四二,曹珗传。
⑦ 《明会要》卷五十六,食货四,漕运,五叶。
⑧ 《明史》卷二〇八,列传九十六,颜鲸传,十八叶。
⑨ 《实政录》,民务,卷之二,三十四叶、五十二叶。

息之存在者,即"邀贾禄粮"之事是。[①] 此种以低价预买王府等机关之禄粮,颇似今日之期票,向金融机关贴重息而取现款,此实即高利放赈耳。

总之,明代利息不外发生于上述之数种贷借,或为私人物贷,或为私人钱贷。其借贷债之人,不外贫民(当然农人仍占多数)、军士、公役;而其放债者,则粟贷放者为富农,钱贷放者为官僚。然观吕坤所言:"放债为商家,累千百,此真有增盛之实,而无其名者也。"[②]可见当时放债者,亦有时为商人也。至于借贷期限,盖无定期,完全由契约临时订定之。

第二节　明代利息率之高低

明代利息发生之各种场合,已分述于前节,兹更观其各种利息率之高低何如。

(1) 私人贷谷

私人贷谷,个人贷与团体贷二种之息率不同,略述于下:

a. 个人贷　乡间个人放粟债者,其息率甚高。"宣德九年正月,工部右侍郎周忱奏:窃见苏、松、常三府所属,田地虽饶,农民甚苦,皆须倍出利息,借债于富豪之家。迨至秋成,所耕米稻,偿债之后,仅足输税。或有敛获才毕,全为债主所攘,未见输税而糇粮已空者有之。"[③]同时王植之作《苏州济农仓记》,亦谓:"盖其用力劳而家则贫,耕耘之际,非有养不能也。故必举债于富家,而倍纳其息。"[④]由此可见,明代开国七十年,江南民间贷谷,其息率至高,约达年利百分之一百(100%)。嗣后英宗正统之际,吏科给事中姚夔论预备仓之利弊,有云:"预备仓本赈贫民,而里甲虑

① 《大明会典》卷三十八,户部二十五,廪禄一,宗藩禄米,十叶。
② 《实政录》,明职,卷之四,十九叶。
③ 《救荒补遗》卷下,八十六叶,周忱奏设济农仓。
④ 《救荒补遗》卷下,九十四叶,王直济农仓记。

贫者不能偿之,辄隐不报,致称贷富室,倍称还之。”[①]自此可见明代中叶之贷谷期利仍高,且不仅限于江南之区,各处亦莫不如是也。

b. 团体贷 私人之团体贷粟,即里社仓贷。按里社仓贷谷始于世宗嘉靖之时,由王廷相之提倡,于各处立之。(见前节。)嘉靖六年有诏,令仿朱子法,“年丰查各集镇乡村,置一社仓。劝与乡民输借,或三五石、十石、二十石,不拘多少,俱听其愿,不许逼迫。……春借秋偿。所积息过其本者,将原劝借谷石,照数退还。”[②]足见当时里社仓之贷粟,其息率与朱子社仓同,亦年息二分(20%)也。按吕新吾《实政录》亦云:“每年春散,分为三等,极贫平借,至秋抵斗还仓;次贫息借,至秋加二还仓;稍贫赊借,以春放之直,收秋成之谷。”[③]是其息率视借者资力而定,非为一律者。虽然,其折中之数,亦在二分之谱。故其论收放仓谷,竟谓“放者每石加二出息”也。[④] 由此可见,明代里社仓之贷息率本无一定,约言之,在年利率百分之二十(20%)。杨起元《乐昌义仓记》云:“每岁季春〔朔〕,发仓听贷。秋大熟,征息二,小饥息一,大饥免。”[⑤]此其征息,完全按斗之丰饥而定,而平时非饥年,其息仍为年率百分之二十(20%)。

由此上之研究,可知明之私人贷粟:个人贷,其息率高至年加一倍;团体贷粟,息率低至年利百分之二十。二种利息,所差甚多。惟于此有应注意之点,即私人贷粟之高利纪录,多出于明初宣、英之际,而社贷之低利,则发于明季嘉靖以后也。

(2) 私人贷款

除私人贷谷而外,明代有息之贷,尚有私人贷款。其利息率之高低,仍按取债人之种类,分考于后:

---

① 《明史》卷一七七,列传六十五,姚夔传,二叶。
② 《筹济编》卷一,济荒总论,十叶。
③ 《实政录》,风宪约,卷之六,四十一叶,宪纲十要。
④ 《实政录》,民务,卷之二,二十七叶。
⑤ 《古今图书集成·食货典》卷一〇二,荒政部,艺文九之十二。

a. 平民借债　《明史》载，英宗正统时“孙忠家奴贷子钱于滨州民，规利数倍”。[①] 宪宗成化十四年，中贵梁芳之弟，“责民逋过倍”。[②] 由此足见当时平民举钱债，其年息率甚高，甚至数倍。但观杨椒山遗嘱云：“放债一年，银一两得利六钱。”[③]以杨之道德，尚可放年利六分，则他人当高于此无疑。总之明代一般平民借债，断其利率，当在加倍之谱，或不至大差。

b. 兵士借债　即息钱债之第二种，如前节所考，即为兵士所借者。其利率高低，可就《明会要》观之。孝宗时，马文升之所疏论，运军之“所称贷，运官因以侵渔，责偿倍息”。[④] 可见其息率已高至年利百分之一百矣。同时马之《恤兵士疏》文云：“或倒死官马，随要随赔，只得揭借本管指挥、千百户、副参等官马匹钱物。马一匹，还银二三百两者有之。银一两，还本利三四两者有之。”[⑤]是兵士借主官之钱，其利将不止年率百分之百矣。及至万历时曹珖之督皇城四门仓，其卫军假内监之钱不能偿，珖令内监减息，足见兵士借债之高利，至明末犹未减低也。[⑥]

c. 公役借贷　公役借债，按万历时吕新吾谓：“以官钱放债（于驿夫），领银（俸银）则倍扣还。”[⑦]足见公役之借债，其息亦为加倍。所谓领银则加倍扣还，其期间未必至一年之久。是其时间长短，虽不一定，但决不至一年可知。故其利率之高，至年利率百分之一百以上，亦可断言者也。

由此上之研究，可知明代民间之普通借债，无论其为贷款为贷谷，利率皆甚高，约为每年加倍之率。惟此种高利纪录，大率为明代中叶之情形，明初、明末则无记载。据此可以断言，明初、明末（即宣宗以前及光宗以后）之贷利较中叶为稍平也。

---

① 《明史》卷三百，列传一八八，外戚孙忠，六叶。
② 《明会要》卷五十二，民政三，治豪猾，二叶，广东局版。
③ 《杨忠愍公集》卷三，明嘉靖三十四年十月二十六日。
④ 《明史》卷七十九，志五十五，食货三，三叶。
⑤ 孙媛贞：《明代屯田制研究》，《食货》三卷二期。
⑥ 《明史》卷二五四，列传一四二，曹珖传，五叶。
⑦ 《实政录》，明职，卷之一，三叶。

第三节　明代利息之所以高低之原因及影响

明代初年民间贷谷利率之高,与成宗以后民间贷款利率之高,已见前节,其原因何在?其影响之结果如何?皆论述于后:

(1) 民间借贷高利之原因

明代民间私贷利率所以高涨之原因,有以下数种:

a. 佃农之贫困　明代高利贷之借者,首为农民(尤其是佃农)。兹先就农民状况研究贷利之所以高。观《明史》及《续通考》,可见当时人口之增减,如下之表:①

年代	洪武二六	弘治七	万历六
户数	16 052 680	9 113 446	10 621 432
口数	60 545 812	53 281 158	60 692 586

而同时耕田亩数则如下表②:

年代	洪武二六	弘治十五	万历六
田数	8 507 623 顷	4 228 058 顷	7 013 976 顷

由此二表,对照观之,可见户口与耕田之增减成正比例之关系。三者之数,皆由洪武至弘治而渐减,更由弘治至万历而渐增。户口之减少,多系逃亡所致;而田地之减少,则多系官田之增加所致。③ 私田既被官庄括有,而户口无所托,乃不得不逃亡。当时皇庄、官庄之田地,据云:十五世纪末叶(亦即弘治年间)在京畿一区,除五所皇庄之外(12 800 顷),还有332 所官庄,占约为 33 100 顷。自武宗即位,情形益甚。京畿一区,皇室

---

① 据《明史》卷七十七,食货志一,户口;及《续文献通考》卷二十九,户口考。

② 据《明史》卷七十七,食货志一,田制;及《续文献通考》卷二,田赋考。

③ 张纶锡:《明代户口逃亡与田土荒废举例》,《食货》五卷二期。

农庄计有三百所。此外各地尚有王侯所属之土地。王侯领有之皇庄，田地多至七千顷，或为皇帝所赐，或掠自人民者。神宗时，河南、山东、直隶强占之土地达四万顷。① 土地既集中于官家，于是农民乃多逃亡，或流为佃农。

而当时租赋甚高，佃农于是乎贫困。例如，“吴江、昆山民，田租旧亩五升。小民佃租富民田，亩输私租一石。后因事故入官，辄如私租例，尽取之。……仁和、海宁、昆山官田亩税六斗。……籍没土豪田租，有司辄将没入田地，一依租额起粮，每亩四五斗、七八斗至一石以上，变私租为官粮，乃于各仓送纳。”②可见当时田地租赋不轻。佃农耕田，所负之田赋既重，再加以极重之田租（私租），于是佃农困敝矣。故王直之为文云：“苏之田赋，视天下诸郡为重，松江、常州次焉。岂独地之腴哉？要皆以农致之。其赋既重，而又困于有力之豪，于是农始弊矣！盖其用力劳而家则贫，耕耘之际，非有养不能也，故必举债于富家而倍纳其息。”③可见赋租之困农，即足以促使农村贷利之高涨。若更加以天时之不利，贷利之提高，尤为必然之结果。于是唐鹤徵论之云：“佃人终岁耰锄，手足涂地，幸而丰熟，半入业主（是经常之高租）。稍不顺成，则入者居七八，存者一二矣（是特殊之高租）！是其尽筋力之勤，忍啼号之痛，以奉业主。其常也……藉令他有举要，势必倍称，终无所给，田必污莱。”④由此观之，佃农因受天时、租赋之胁迫，生计困难，遂对于贷本之需要迫切，此所以肯以高利条件借人之债（包谷、款二者而言）。故可谓佃农之贫困，为明代高利之第一原因。此种现象在明之中叶以后，尤为显著，盖人口流动与土地分配使然。

b. 钱粮出纳制度之弊　钱粮制度之弊有三：一为紧急差粮，二为运官侵渔，三为钱粮收支留难。所谓紧急差粮者，如正月用度，预于十一月

① 沙发诺夫：《中国社会发展史》，第二十二章。
② 《续文献通考》卷三，田赋考二。
③ 《救荒补遗》卷下，九四页。
④ 《古今图书集成·食货典》卷一〇一，荒政部，艺文八之十八，唐鹤征《赈济说》。

先征,刻期起解支销,往往“止取办于大户,至令负债倾家”[①]。所谓运官侵渔者,即运军及役丁运粮,自南而北,艰辛万状,至张家湾,又须雇车,运军多借贷以济用,而运官即于其称贷,从以侵渔,债偿倍息。[②] 所谓钱粮收支留难者,如弘治十七年四月之圣旨,谓:“各处百姓,输纳钱粮到京,十分艰苦。近来内府各监局、各库仓场,及各卫门管事、内使、家人,好生不畏法度,凡遇收放钱粮,多方掯勒,使取财物。又纵令客下人等,通同作弊,非止一端。解纳人等,使费浩繁,负掯揭债,倾家荡产。”[③]此因收钱粮之留难而害及于民也。此外尚有支银粮之留难,如李辅《条陈辽东八事疏》云:“今辽东边堡之兵,终岁防御,而计其月粮,十缺四五。甚至役过数年,而粮银尚在户部者。其朝夕之计划,皆出息借贷。”[④]此军队钱米支出之留难。更观各地方有司,因季支工食,或支出过期,致使驿夫、轿夫等公役,皆贫极而揭债出高息,[⑤]是又公役钱粮支出之留难。凡此累急差粮,运官侵渔,钱粮之收支留难,皆足以使一部分人,对于钱粮有极切迫之需要,及肯以极高代价,借取谷款使用;故财政制度之不良,亦使借贷利高之一原因也。

c. 官僚垄断资本　据前研究,已见明代贷本之供给者,十之八九为官僚,少数为乡间富豪(盖即大地主),其为商人之放贷占极少之成分。而所谓大地主,在明代皇庄、官庄盛行之时,大半亦为官僚而兼地主者也。何以当时惟官僚乃放高利贷也?盖惟官僚始能积累相当数量之资本,而商人之资本则日见其衰微。其理由如下:(1) 明之商业萎缩。自元末以来,至明初,因国家商业政策之关系,因国内战争之关系,更因此时世界海洋运输之重心,移于大西洋岸之结果,中国商业关系范围日趋减缩,乃陷于一时对外封锁之状况。[⑥] 元代利益最大之市舶贸易,既不能继续,而商

① 《实政录》,风宪约,卷之六,四八叶。
② 《明史》卷七十九,志五十五,食货三,三叶。
③ 《大明律例》三册,户律四,仓库,五十五叶。
④ 《全辽志》卷六,艺文下,经略。
⑤ 《实政录》,民务,卷之二,三十二叶、五十二叶。
⑥ 《中国社会发展史》,第三章。

人之资本亦渐衰落。(2) 官僚之资本积累。官僚所以能积集资本者,乃有数种来源:第一,明代官僚多有大量官田,由此大量田地之所得,消费有余,可以积累。(明初官田已占民田七分之一,其多可知。)[①]第二,即为官僚经商所得之积累。按《明史》记永乐"时勋贵武臣,多令子弟家人行商中盐,为官民害"。[②] 又载御史言:"盐法之坏,由势要横行,大商专利。"[③](指张四维、王崇古为势要,四维父、崇古弟为大商。)第三,或为开矿所得之积。按明代自景宗景泰三年,国家始开银矿[④],至万历而盛行,矿使皆由中官充之[⑤],直至明末未停。当时开矿所得,大率皆入中官之手[⑥]。有此数种来源,于是明代资本乃有受官僚垄断之形势。一方面佃农兵役对钱粮有切迫之需要,一方面资本更受官僚之垄断,需要为一般的,而供给为有限制的,所以借贷资本之代价以高。故吕坤之论科甲云:"立朝既以无闻,居乡又复多罪,或强买宅田,或凌逼债息。"[⑦]足见官僚逞其资本势力,以欺压弱者,乃明代一般之现象也。

以上三点,实为明代民间借贷利息所以高之原因。同时,前述田租之高亦可以予借贷利息以相当影响。盖利率较低于地租率(在相当时间内或低至一定限度),则一般官僚积累之资本,皆将投之土地而收田租所得矣。

(2) 民间借贷高利之结果

a. 农民破产人口流亡　高利贷之借者,首推农民。盖明代农民(尤其是佃农)经常之困乏,不能不借高利贷。紧急差粮,虽富农,亦不能不借高利贷。粮之运京途中,运军之贫苦(运军多农民为役),农民亦因以举

---

① 《明史》卷七十七,食货志,田制一。
② 《明史》卷一五〇,列传三十八,李庆传,三叶。
③ 《明史》卷二一九,列传一〇七,张四维传,一叶。
④ 《明史》卷十,景宗纪。
⑤ 其人名皆见《明史·食货志》。
⑥ 其详情可参看陶希圣:《十六七世纪间中国的采金潮》,见《食货》一卷二期。
⑦ 《实政录》,明职,卷之一,八叶。

高利贷。至仓纳粮，所受留难，又不能不举贷以从事。总之，各种可能情形下所发生之高利贷，大部分与农民有关。故农民因利重而破产，而流亡，乃高利与社会之最显然最普遍之结果。诚如王直所言："幸而有收，私债先迫取足，而后及官租。农之得食者盖鲜。则假贷以为生，卒至倾产业，鬻男女，由是往往弃耒耜，为游手末作，田利减，租赋亏矣！"[①]又如周忱所云："至秋成，所耕米稻，偿债之后，仅足输税。或有敛获才毕，全为债主所偿，未及输税而糇粮已空者有之。……不得已而去其本业，去为游手末作，以致膏腴之壤渐为荒莱，地利削而国赋亏矣！"[②]由此观之，可见高利之于农民，使其"收获甫毕，遽致乏绝"，"遇凶年饥，丰年亦饥"，[③]于是不能不卖产业（不一定是土地，或为农具、耕牛等），卖儿女（例如杨椒山遗嘱所云"家奴曲钺……原是四两银子买的他"[④]），而自为流氓，此实明代民间高利之第一结果。

b. 军事政治之腐败　另一方面，高利贷之借者为军人及公役，高利所给与军人之影响，乃至"军不支饷者三年"[⑤]，"体无完衣，家无宿食，寒冬气肃，士卒尫羸"[⑥]，其贫苦可知。其能逃亡者，乃相率逃亡（如运粮军）。[⑦] 军队如此，国势可想。其与公役之影响，则使其"常受饥寒"，乃至有谚谓："官穷穷不过人夫，官累累不过骡马"[⑧]，亦可见其苦境之一斑。军人公役贫困如此，足见其军事政治之腐败矣。斯亦高利贷之结果。

c. 高利贷者之势盛　高利贷之借者农民，既已受高利之影响而破产，而其所破之产——土地、人口、财货等——皆集中于放债者官僚地主之手，乃无疑问之事实，故"农作之民日耗，兼并之家日盛"[⑨]。其高利贷

---

① 《救荒补遗》卷下，九四叶。
② 《救荒补遗》卷下，八六叶。
③ 《明会要》卷五十六，食货四，豫备仓，十四叶。
④ 《杨忠愍公集》卷三，父椒山谕应尾应箕两儿。
⑤ 《明史》卷二五四，列传一四，曹珖传，五叶。
⑥ 《全辽志》卷六，艺文下，经略。
⑦ 《明会要》卷五十六，食货四，漕运，五叶。
⑧ 《实政录》，明职，卷之一，三叶。
⑨ 《救荒补遗》卷下，八六叶。

者日盛，至如何程度，当详述于下节。此亦高利之一结果。

d. 反高利之思想及法制　高利与社会之影响，不惟影响于经济生活，且与思想及法制以影响，当详述于第五节。

第四节　明代高利贷者之情势

明代民间借贷利息之高，其结果之一，为高利贷者之势大，已见上节。但其实际，其势虽大，仍远不如前章所述元初之雄。兹略述其情势于下：

(1) 高利贷者与平民

明代高利贷者，亦有恶索之情形。故观《明会典》所载当时刑法，“若豪势之人，不告官司，以私债强夺去人孳畜产业者，杖八十。若估价过本利者，计多余之物，坐赃论，依数追还”。又条载：“若准折人妻妾子女者，杖一百。强夺者，加二等。而奸占妇女者，绞。人口给亲，私债免追。”[①]观于此之规定，则当时社会必有因恶索而掠夺人之人口畜产以折债者，是亦与元初之情形相似。吕新吾为救济民众，使彼等受高利贷者之欺，可以易于申诉于官司，遂为“告土豪状式”，公布之。其式如下：

> 某府州县大某人，为土豪事。某年月日，有某缺(用食)，向某借(银若干两，粟若干石)，算利过本几倍。伊将某私家拷打，逼将(妻妾、房地、子女、头畜)准折。指某人证。上告。[②]

自此“告土豪状式”，更可见当时(明季)高利贷之于平民索债，不仅于掠夺人口畜产，且有私自拷打借主，以逼息本者。虽元初之回回、斡脱异族之人，其残酷亦何以过之？

---

① 《大明会典》，刑部六，律例五，户律二，卷一六四，钱债，二五叶。
② 《实政录》，风宪约，卷之六，二七叶。

(2) 高利贷者与军人

高利贷者,不仅可以凌逼平民,即于军士有武力之阶级,亦与以压制恶索。如嘉靖三十五年,马汉恃定国公之势,贷子钱与漕卒,“偿不时,则没入其粮”。[①] 故孝宗弘治十三年官司奏准:“凡势豪举放私债,交通运粮官,挟势擅拿官军,缚打凌辱,强将官粮准还私债者,问罪。属军卫者,发卫充军;属有司者,发口外为民,运粮官参究治罪。”[②]于高利债,于官军,及其索债,至于缚打凌辱,终之,辱打毕,仍强压其官粮。高利贷者之势,可谓凶矣!同时,《明会典》仍有相似之律文,谓:“凡举钱债,买嘱各卫委官,擅将欠债军官、军人俸粮银物领去者,问拟诈欺。委员问拟求财听嘱罪名。”[③]观此文,则高利贷者不仅于压制兵士,并军官亦不能免其剥夺也。

(3) 高利贷者与政府

政府官吏本亦有时而为高利贷(见前),故高利贷与政府每每合作,甚至政府助桀为虐。嘉靖时,林希元上疏,请命富人加息借给贫农粮种,其许给富户之条件,“令债主监其下种,不许因而食用。收成之时,许债主就田扣取,不许因而拖负,亦加其息。官为主契,付债主收执”。[④] 是政府对于放债者之袒护,可谓周到;但于贫农之借息债者,既限其食用,复限其收获即还,且官为之主,亦嫌其苛矣。然此其本旨,尚在复兴农村,条件虽苛,尚可使人原谅也。至如万历时中官诣知县,使收债于民,[⑤]是真所谓“或凌逼债息,或嘱托官府”[⑥],直视政府如私人之放债机关,可以恃其威

---

① 《明史》卷二〇八,列传九六,颜鲸传,十八叶。
② 《大明会典》卷二十七,户部十四,会计二,漕运五,十三叶。
③ 《大明会典》卷一六四,刑部六,律例五,户律二,钱债,二五叶。
④ 《筹济篇》卷十二,借贷,九叶。
⑤ 《明史》卷二二八,列传一一六,魏学曾传,三叶。
⑥ 《实政录》,明职,卷之一,八叶。

力而压迫索息。而政府有司竟“望风奉行”,[1]是政府亦直成高利贷者之工具矣。高利贷者之情势,由上述各种见地观察,亦可见其势力确为不小。但于是有应注意者,即明代之高利贷者多非纯粹放债之平民,而大部分皆为官僚之流(如贵戚、军官、内监、地方官吏等),或自非官僚,而确有官僚之后盾,故其势乃至颐使官府,缚打兵士。虽其为高利贷者,然不能据此而谓明代高利贷者之势,竟至如此之雄也,宁当谓为官僚高利贷之势雄为较妥。

第五节 明代关于利息之思想及法制

因民间贷息之高,乃与社会以影响,发生反高利之思想及法制,已见前第三节,兹更申述之。

(1) 关于利息之思想

a. 反对高利 于此高利借贷之社会,竟有表现为完全与一般社会立于两极之人,毫不取息。如王澄之“出粟贷人,不取其息”。[2] 惟此其不取,究为行善之意,抑为反对利息,未敢遽断,不足以云利息思想。当时一般人之态度,盖皆不反对利息。如永乐时刘辰,劝贷而免徭为息[3];邱浚之论闭籴,亦主由官家劝富户贷贫民,而官予之券,许其取息[4];嘉靖时林希元劝人贷种,亦许取息[5],惟于高利则大致皆反对之。此就当时之社仓贷粟之低利可见;其利率不过年利二分(详见前第二节),此足以代表当时人对于利息高低之态度。依前之所考,可见民间贷谷之利率,高至加倍。但其事皆明代前半之迹,而社仓之低利贷粟,乃系嘉靖以后之事,故

① 《明会要》卷五二,民政三,奴婢,四叶。
② 《明史》卷二九六,列传一八四,孝义王澄,九叶。
③ 《明史》卷一五〇,列传三八,刘辰传,七叶。
④ 《八编经世类纂》卷二十五,大学衍义补,户曹,固邦本,十叶。
⑤ 《筹济篇》卷十二,借贷,九叶。

吾谓此之低利思想,乃高利影响所成之结果也。

b. 债息征税　同时,明代有加税于放债利息之思想,如吕新吾《实政录》谓:"差银随地出者,加数于地;随丁出者,加数于丁。要见本州县差银几十几项,共银几万几千几百几十几两几钱几分,分该州县九则人丁,除母银上上户九钱,下下户一钱外,其事产本业,如地宅、牛羊、骡马,末业如商贾债息等项,较其贫富,编坐门银。除下下户不加外,其子银,上上丁应加几倍,上中丁应加几倍,子母银各若干,足额差银两之数。"①地方加税之时,债息亦须使之分担,不能逃税,此亦寓禁于征,有反对高利之思想在内。放债利息之征税,可谓为利息思想中之进步者。

c. 反对官债收息　更观当时人之论宋代青苗钱,邱浚谓:"盖假《周礼》泉府国服为息之说,虽曰不使富民取民倍息,其实欲专利也。"②陈仁锡云:"社仓取息,不异于青苗,而民获利者,以青苗取钱,责民以所无。社仓取谷,收之于方熟。青苗在官,吏得为奸;社仓在民,主以乡人士君子,吏无与焉故也。"③由此足见明人之反对官家贷利,其理由不外因官家所取既为钱利,非农民所生,且吏多无行,不宜治钱利之事也。

(2) 关于利息之法制

a. 法律　明代关于利息之法律,规定甚详,有律例可寻也。其关于利息率之限制,则云:"凡私放钱债,及典当财物,每月取利,并不得过三分。年月经多,不过一本一利。违者笞四十,以余利计赃,重者坐赃论,罪止杖一百。"④又条云:"典当田地、器物等项,不许违律起利。若限满,备价取。或计所收花利,已够一本一利者,交还原主。"⑤又《图书编·圣训

① 《实政录》,民务,卷之四,二四叶。

② 《八编经世类纂》卷二十七,《大学衍义补》,户曹,制国用,十二叶。

③ 陈仁锡:《无梦园初集》,劳集三,明崇祯六年刻本。(家红按:原文将作者误作"邓天锡",改之。)

④ 《大明律例》三册,卷九,户律六,钱债,二八叶,嘉靖二十七年刻本。

⑤ 《大明律例》三册,卷五,户律二,田宅,十叶,典卖田宅。

释目》载有："凡借放钱债，贫富均为有益，……今后放债，不得过二分、三分。"①由是可见明代法定利律，不问其为质债，或非质债，皆为月利三分，约合年利率百分三十六(36%)。

其于高利贷者与平民之恶索逼债，亦有法律规定，限制豪势之人，不得不告官司，以私债而强夺人之孳畜产业，准折人之妻妾子女，或奸占人之妇女。(条文见前第四节。)同时，尚有诏谓："如有年月过期，垒利数倍，或故令残疾老幼填门逼取，或捉锁私家，准折家产，……皆自速其祸，约正副告官，从重治之。"②此明代律令之关于恶索逼债之规定也。

此外高利贷者，对官军之压迫，《大明律》亦有规定，限制其缚打凌辱，并不得扣其军粮。(条文见第四节。)

明之放高利贷者，又多为官僚，故有律云："若监临官吏，于所部内举放钱债、典当财物者，杖八十。违禁取利，以余利计赃，重者依不枉法论。"③此犹禁监临官不得于其所部放债取利也。宪宗成化六年二月"禁放官债"④，是则并一切官债而禁止矣。惟禁者自禁，而行者仍自行之。

以上所云，法令之于高利，既有限制利率之文，复于高利债者之欺压平民与兵士，各有明文之规定，其于高利之立法，可谓至矣！然此皆法律对于正式息贷之限制或禁止，而正式借债之外有一种非正式者(见前第一节)，即邀买王府禄粮是。正德四年亦有令："凡讨利之徒，邀买王府禄粮者，照举放私债例，问发充军。所借本利没官。"⑤对于非正式之高利贷，国家亦于以命令禁止之，关于利息之法令，更周密完备矣！

b. 制度　明代官家尚有关于利息之制度，即太祖洪武初所立之预备仓放粟(济农仓)，与世宗嘉靖初之预备仓，依常平法放粟，⑥皆明令抵斗还官，不取其息。(详见第一节。)是官家以不取息之放粟，率教天下，亦

① 《图书编》卷九十二，圣训释目，文渊阁四库全书本。
② 《图书编》卷九十二，圣训释目。
③ 《大明律例》三册，卷九，户律六，钱债，二八叶。
④ 《钦定续通典》卷一〇八，刑，刑制下，二四叶。
⑤ 《大明会典》卷三十八，户部二十五，廪禄一，宗藩禄米，十叶。
⑥ 《筹济编》卷三十，裕仓储，十五叶，卷一，济荒总论，十叶。

为重利盘剥贫民而发也。

总之,因民间之高利,遂影响当时一般人之思想,皆居于反对高利之态度,所以立为法制,非主薄息,即主无息,要不外为高利影响之结果也。

第八章　清考(1644—1911年)

第一节　清代利息之种类及其收付

清距现代最近,而社会经济之情形亦较以前复杂,故利息之各种方式亦最多,兹仍依以前之谷款贷、官私贷分类述之。

(1) 贷谷

a. 官贷　清之官贷,史载较详。官贷粟米之事,史书皆列之"荒政"之门,然未必尽为荒而贷也。清官贷谷即常平仓谷之出贷,据清史载:"雍正元年,(广西巡抚孔毓珣)加授总督。……广西旧有常平仓,毓珣议春耕借于民,秋收还仓。年丰加息,歉免息,荒缓至次年还本。"[①]由此可见清初平时贷谷,以助农人生产,乃有息之贷。其息高低,康熙时不可知。但观高宗乾隆三年之谕:"各省出借仓谷于秋后还仓时,有每石加息谷一斗之例。如地方本非歉岁,循例出陈易新,则应照例加息。若值歉收之年……至还仓时,只应完纳正谷,不应令其加息,将此永著为例。"[②]足见康熙时所谓加息,即石加一斗之例;而至乾隆之时,仍其例。惟至三年,又"增定贷粟加息例。凡年岁收成八分至十分者,仍照例收息,五分至七分者免。"[③]又于二十三年下谕:"借给山东济宁、鱼台各州县灾民牛具、籽

---

① 《清史稿》卷二九二,列传七九,册八七,孔毓珣传,五叶。
② 《皇朝通典》卷一七,食一七,蠲赈下,灾赈,二十七页。
③ 《皇朝通典》卷一七,食一七,蠲赈下,灾赈,二十七页。

种,福建泉州、漳州各府属社仓麦石,令明岁秋成后免息还仓。”[①]可见清代官家对于贷谷物一事,仍以有息为原则,而于荒歉之时特与免息,乃例外之事。《大清会典》(乾隆二十三年)、《吾学录》及《筹济编》诸书,列此贷粟于“荒政”或“蠲恤”之门,皆系重视荒年免息之一点也。[②]

b. 私贷　私人贷物,在清代社会亦以贷谷为经见之现象。于是又可分为个人贷谷与团体贷谷二种。兹先观察私贷之个人贷。

① 个人贷　个人贷有有质者,有无质者,无质之贷,较为普(通)〔遍〕。据清初史载,太宗崇德,牛录准其取息[③],二年即有谕劝贷。“六年都察院参政祖可法等上言二事:一,杜塞囤积之弊,或卖或借。卖则从市平粜,借则从时起息。……从之。”[④]嗣后张清恪伯行亦谓:“稍贫之人,……宜令计口授谷,仍劝谕蓄积之家,许行出利借贷与人,候丰收之日,令其偿还。”[⑤]此皆无质之息贷。其有质之贷,如嘉庆九年江西巡抚秦承恩所云:“江西有谷之家,间有于东作方兴之时,将所余谷石任听农民以物质押,资其工作,秋后加利清还,较之典铺尤为利便。”[⑥]此系有质之息贷。足见清代一般之个人贷放粟物皆取利息。

② 团体贷　团体贷谷,即社仓与义仓之贷谷。崇德十八年,“题准地方官整理常平仓,每岁秋成,劝谕官绅士民捐输米谷。……乡村立社仓,市镇立义仓。公举本乡敦重善良之人,出陈入新。春月借贷,秋收偿还,每石取息一斗。岁底,州县将数目呈详上司报部”。[⑦] 此实为清代乡间团体贷谷之始。其息亦如官贷,“春月借贷,秋收偿还,每石取息一斗”。[⑧]

---

① 《皇朝通典》卷一七,食一七,蠲赈下,灾赈,三十五叶。

② 《钦定大清会典》(乾隆二十三年),卷十九,户部,蠲恤,四叶;《吾学录初编》卷二,中华聚珍本,六叶;《筹济编》卷首,蠲,恤功令,六叶。

③ 萧一山:《清代通史》卷上,第十章,二二二叶。(家红按:此处误。揆诸萧氏原书,太宗准许牛录放贷取息之谕,时在崇德二年。)

④ 《皇朝通典》卷十三,食货十三,轻重上,二叶。

⑤ 《荒政辑要》卷五,十四叶,湖北局版。

⑥ 《皇朝经世文编》卷四十,户政,劝民间质谷论,十八叶,己丑上海广百宋斋校印。

⑦ 《清朝文献通考》卷三十四,市籴考,三籴,三叶。

⑧ 《清史稿》卷一二一,食货志二,二十叶。

雍正二年,谕湖广总督杨宗仁等:“其收息之法,凡借本谷一石,冬间加息二斗,小歉减半,大歉全免。……十年后,息倍于本,只以加一行息。”[①]是其息经常仍为加一,惟临时为积粟而增息十年。道光以后,因兵戈而社仓、义仓尽废。同治六年,特谕兴复,各省虽稍稍复建,究不若昔日之盛矣。[②] 此种社仓、义仓之贷粟,于清初康、雍、乾之际,盖甚盛行(清代此时文献多此记载)。观陈宏谋之檄文,当时不仅各乡村镇皆组此种合作贷借机关,甚至富户大族乃有族立义仓[③],则此种息贷之盛益彰明矣!

(2) 贷款

a. 官贷　清之贷款尤盛于贷谷,其种类至多。兹略言之。可分为数种:

① 中央政府贷款(或皇室放款) 放款生息,在清政府中央决算,自乾隆至清末,皆列为一项,且数亦至大。[④] 此种贷款,多发生于国家与商人之间:或政府贷于盐商,或贷于银行。前清富商,当推盐商,故国家每有军需,常有盐商效卜式之报效政府,捐银助国(每捐自十万至千万)。自雍正以至宣统,捐输之事不可胜举。因此盐商与政府之关系亦遂密切。或有缓急,内府亦尝贷出数百万,以资周转。帑本外,更取息银,谓之帑利,年或百数十万、数十万、数万不等。其于各省盐商,皆有此种利贷,如广东、福建、山东、直隶等是。惟于盐商较盛之两淮、河东,此种借贷为尤甚。[⑤] 政府除贷款与盐商之外,尚有贷给银行之例;惟发生于清末,影响于社会者不大,不若贷给盐商息债之重要。光绪二十三年,由盛宣怀奏准于上海等处开设中国通商银行,由公帑贷给二百万两,以昭信用,并取年息。[⑥] 此实政府贷款之另一方式。

---

① 《清史稿》卷一二一,食货志二,二十叶。
② 《清史稿》卷一二一,食货志二,二十一叶。
③ 《牧令书辑要》卷四,十四叶,通行社谷事宜檄。
④ 《清史稿》卷一二五,食货志六,十九叶,二十叶。
⑤ 《清史稿》卷一二三,食货志四,六叶—十九叶。
⑥ 《皇朝掌故汇编》,内编,卷二十,钱法二,二十二叶。

② 地方政府之贷款　地方政府之贷款,除少数为振贫兼而免利贷借外,其余皆为利贷。[①] 地方政府之放款,清初最可注意者,即为云南藩府之贷款。时有敕文吴三桂世镇云南,督抚受其节制,吴"货财充溢,贷诸富贾,谓之藩本"。[②] 此实清代最早之地方政府贷款,惟此于法律允许以外、清初暂时所仅有之现象,非足云清代一般地方政府之放款也。其合法而常存之贷款,如下二例:第一例即以官款贷商出息,以为修补城垣之费。[③] 此行政费基金制,乾隆初曾施行,嗣上谕止之。第二种例,即为四川之边防军费基金制。道光十九年,四川总督觉罗宝兴以马边诸厅县增设防兵,筹议边防经费,拨部帑银百万。宝兴疏言:"边防完竣,用银二十二万两有奇,以三十七万发盐茶商,岁可得息三万七千余两,足敷增设练勇之需。"[④]是以基金贷商生息制解决经费问题,此皆地方政府放款之例。其余放款之例,如同治十三年招商局事[⑤]等例仍不少,其性质、手续与此相同,要不外官放于商人生息,兹不复赘。

③ 社会救济机关之贷款　清代国家所立社会救济机关,其经费多采基金生息制。故《吾学录》载:"通邑大都,设有普济堂(为鳏寡、孤独、残疾、无告之人而设),除绅士好义捐建者,经费听其自行经理。其动用官款发生息银及存公银者,均每岁报部核销。"[⑥]此外,尚有"育婴堂,收养婴孩之遗弃者,给库帑立产,收租息,以供乳哺之费"。[⑦] 此种救济机关之贷款生息,其受贷出息者概为当商。[⑧]

④ 金融机关之贷款 清末更有官立金融机关之贷款,虽其时间甚暂,

---

① 《筹济篇》卷十二,借贷。嘉庆十六年,榆林、延安二府有贷贫民银两折牛具之事,免息收债。

② 《清史稿》卷二三九,列传二十六,吴三桂,四叶。

③ 《清朝文献通考》卷二四,职役考四,十二叶,武英殿版。又见《皇朝通典》卷十六,食货十六,蠲赈上,四九叶,武英殿版。

④ 《清史稿》卷三六五,列传一五二,觉罗宝兴,二叶。

⑤ 《清史稿》卷一五〇,交通志二,轮船,一叶。

⑥ 《吾学录》册一,初编卷二,七叶,中华聚珍本。

⑦ 《筹济篇》卷首,蠲,恤功令,三叶。

⑧ 《庸吏庸言》卷下,二十叶。

然亦有清官贷生息之一例。光绪九年陈文黻为留坝厅同知,以"境内无质库,……文黻设裕民公所,贷民钱。……轻取其息,民以为便"[1]。此实清代官办金融机关之嚆矢。但此种贷款,含有救济贫民之意,非纯为营利之目的,其性质与普通借贷稍异。其官办之纯商业性质之金融机关,则为光绪三十一年户部筹设之户部银行,及三十三年邮传部所办之交通银行。[2]户部银行至三十四年增加股本,扩充内容,改名为大清银行。按其定章,此二行皆为放款业务。[3] 此种放款生息,实官贷生息之又一种。

总之,清时官贷款,皆与商人(盐商、当商、银行等),皆为息贷,此为可注意之点。至其借还期限,则或长或短,或长至若干年,始还本息,如贷给盐商银行之款;或短至数日或数月,如银行之浮放、当铺之短期放款,要以其借贷两方之契约为准,非有一律之期限也。

b. 私贷　清代私贷银钱取息,其形式亦颇多。就其借贷手续而论,可分为有质债与无质债二种,二者皆甚普通。以下按贷者之类别分述之。

① 普通商人放款　普通商人放款,不外二方面:第一方面,放于农人。如雍正时方观承为直隶总督,奏请"令商人领票至恰克图、库伦,仍许经过喀尔喀各旗,相为贸易。但不得久居放债,碍蒙古生计"。[4] 嘉庆时,广西土司往往被"贷于客民(即客商),辄以田产准折"。[5] 道光时,湖北枣阳"客商以重利称贷"[6]。李殿图亦言:"甘肃……每当东作方兴,民向山、陕客人借本布种,秋间折收其粮。"[7]光绪十七年时,陶模抚新疆,常有汉人以重利贷缠回之事。[8] 由此可见,自清初至清末,全国各处皆有商人贷款收息于农人之事实。其商人贷款之第二方面则为灶户。清初煎盐灶户

① 《清史稿》卷四七九,循吏传四,陈文黻传,十四叶。
② 《第一回中国年鉴》,银行类,1924 年,商务初版。
③ 《大清新法令》第六类,财政银行,商务版。
④ 《清史稿》卷三二四,列传一二,方观承传,三叶。
⑤ 《清史稿》卷三五九,列传一四六,谢启昆传,四叶。
⑥ 《清史稿》卷四七八,循吏传三,郑敦允传,八叶。
⑦ 《牧令书辑要》卷四,四叶。
⑧ 《清史稿》卷四四七,列传二三四,陶模传,八叶。

资本，多以重息称贷于商人，故康熙时朱轼曾有疏请代灶户诉苦于朝。[①]至道光九年，陶澍议盐法，亦曾论及灶户重利借款于商人之困难。[②] 此实商人对企业家之息贷也。

② 地主富农之放款　清初那彦成有《劝富户恤贫民谕》中云："富户田亩多者数顷、数十顷者不等，……以民间放债利息计之，所得已多。"[③]而康熙时陆陇其《论直隶兴除事宜书》云："富豪之家，乘其急迫，重利盘算，及至秋成，子金积累，一岁所入，不足以偿债。"[④]至雍正八年有谕："陕西、四川地方，民风醇朴，……四月、十月既属纳课之期，小民必须预先经营。是麦谷未收之时，即为输将之计，或因称贷而受剥于富家。"[⑤]于此足见清初大地主、富农之放赈于贫农乃常见之事，且取息利。更观道光时刘衡之办理春荒章程，有令贫农、佃客向富农借钱，而劝富农少取利息。[⑥]则富农、地主放息贷之事，乃通清一代之史实也。

③ 旗人放款　清初旗营之经费，一部分系由基金制维持，即皇帝所赐之生息惠济银。故当时甚至有汉人自鬻，投之旗下，放高利债牟利。[⑦]康熙二十三四年，杭州民贷于旗兵，曰印子钱，因取息甚重，不能偿，至与兵哄，可见其取利太重。[⑧] 至雍正时，甚至有八旗佐领，亦为此种放款，而朘削其旗丁之事。[⑨] 乾隆三年，曾有谕："命旗人自置有粮之地，……准照原估买直变卖，将银解部，交各旗料理生息，分给旗人，俾沾惠泽。"[⑩]是在乾隆之初，此种旗人放贷之事尚存，惟至四十六年，乃有谕谓："从前生息惠济银两，……特敕停止。"[⑪]是此制在四十六年前已停止，惟其确停于何

① 《皇朝经世文编》卷五十，户政，十三叶。
② 《清史稿》卷一二三，食货志四，九叶。
③ 《筹济篇》卷十，劝谕，十一叶。
④ 《皇朝经世文编》卷二十八，户政三，二叶。
⑤ 《清朝文献通考》卷三，田赋考三，田赋之制，三十三叶，武英殿本。
⑥ 《庸吏庸言》卷下，二十五叶。
⑦ 《清史稿》卷二七五，列传六二，八五册，格尔古德传，一叶。
⑧ 《清史稿》卷二七五，列传六二，八五册，赵士麟传，二叶。又见同卷，马如龙传，五叶。
⑨ 《清史稿》卷三〇四，列传九十一，册八十九，张照传，一一二叶。
⑩ 《清朝文献通考》卷五，田赋考五，八旗田制，二十一叶。
⑪ 《皇朝通典》卷七十四，兵七，恩恤，五叶。

年则不可考矣。此种印子钱之借者，虽史无明载，要以贫农为主也。（《清史稿·赵士麟传》谓："贫民借印子钱，至鬻妻孥，卖田舍。"）

④ 灶户贷款　此种贷款，多发生于灶户与煎丁之间。乾隆十六年有谕谓："两淮各场盐丁，本属穷民，每因不能接济，向各灶户重利借贷，以资食用。"①是企业家对于雇工之息贷也。

⑤ 私人组织之信用合作团体贷款　清代私人组织之信用合作团体约有二种；一即同乡会馆，二即合会。（各处名称或不一致，或名七贤会。）会馆收入之经费（按：会馆多有固定产业，或有时募捐），或放于钱庄，或贷给会员。同乡欲借者，得会员之保证，即可贷与。按月纳利，最长期限五年偿本。② 如上海肇兴会馆之款即如此。至于七贤会等之合作团体，多为乡村农人之组织。其贷借方法，分有利与无利二种。其无利者，手续比较简单。设某甲欲用钱使，可就相知之友，约请五六人或多至数十人，在家招待，宣布请客本意，及用钱多少，名为"请会"。主人名"会首"。商议一定，由每人平均出一定款项与会首。此后则在一定期限（每年或每半年，或每月不等），仍由会首请至其家招待，再由各会员（除会首外）出一定款项与第二人。（谁先用钱，由抓阄或掷骰决定。）以下每期如是，以至在会之人，每人皆曾用钱一度为止，乃散会。故结果每人所得之钱数，除会首外，皆相等。至于有利之办法，则请会后，会首仍（同前无息请会）就各会员收一定数目。至第二期开会，则除会首外，每会员皆自书或自言其所愿出之利率，以借款于会。其所出利率最高者，得会（得借会款之意）。即由各会员照利率折扣原数，交给用钱者。以后会期聚会，仍按利率竞争，决定得会次序。已曾得会者，则下次会期，竟以全数款交出，既不能复借会款，亦不能复按折扣交款。直至最后一次，最后一人，则不必出利，可得全份会款，即此散会。故结果除会首外，谁收会款最晚，谁得钱最

① 《清朝文献通考》卷二十九，征榷考四，盐，二十七叶。又见《皇朝通典》卷十二，食货十二，盐法，二十叶。

② 《中国经济全书》，第五册，会馆及公所，（日本）经济学会，宣统二年版，二二〇页。

多;谁出息利最高,得款最少。[①] 此种信用合作贷款,借、贷两造皆为贫农,而可以以不甚高之利率,得大量款项,实与农人有利。

⑥ 金融业之贷款 金融业之组织,又可分为票号及银行钱庄。票号或票庄,不知何所始,传言始于明末[②],在清代中叶,实为中国唯一之大金融业者。其主要业务固为汇兑,然亦为存款贷款之业。如其贷款与平野秀三达八十万之多,即为一显例。直至清末,票庄之业始衰,而蜕化为钱庄。[③] 票号之借款,盖以商人及政府官僚为对象,而手续系无质的贷款。[④] 清末光绪二十三年,创立第一私人银行(中国通商银行),其后浙江兴业、四明等诸银行,亦相继创立。其有息放款,当然为此等商业银行之主要业务。[⑤] 此亦清代私贷之一种。钱庄亦创始于清末(确期不知),或谓其为票号蜕化而成,[⑥]则期甚晚矣。钱庄本与银行在营业上无严格之差异,故有息贷款,亦为钱庄业务之一。银行、钱庄之贷款,亦以工商业为主要之对象,间亦贷之政府。

⑦ 当典之贷款 当铺本为贫民金融周转之唯一机关,其主要业务,即为质放。按雍正时方观承《劝谕当商减利听赎农器示》[⑦],裕谦之《劝典商减利听赎农具谕》[⑧],及《牧令辑要》之《论平粜》,谓"直隶当商皆放债收款,冬收坐谷"[⑨],足见清代当商与农人之关系至密。其贷款之目的,主在农民。且往往春贷以钱,而冬收其谷,贷期约一年也。

⑧ 外国商人及银行之贷款 在清代私人贷款中,尚有外国商人之贷款。海禁以前,吾国与外人通商口岸,除澳门外,以广东为唯一之地。当

---

① Smith, *Village Life in China*, chap. XⅣ.
② 《清稗类钞》十七册,七二页,山西票号之沿革。
③ 马寅初:《何谓九八规元?》,载曲殿元编《中国之金融与汇兑》,大东书局,1930年版。
④ 见沙发诺夫:《中国社会发展史》,第三十二章。
⑤ 《皇朝掌故汇编》,内编卷二十,钱法二,二二叶。
⑥ 季莞樵:《钱庄论略》,《钱庄月报》十一卷11、12号,十二卷2、4、5号。
⑦ 《筹济编》卷十,劝输,十叶。
⑧ 《牧令书辑要》卷五,五十六叶。
⑨ 《牧令书辑要》卷四,二叶,平粜。

时英人之在印度者,常携巨资投送于广东商人之手。[①] 此实清代可注意之贷款形式。其后乃有外国银行开设,如汇丰、东方汇理、麦加利、花旗、正金、德华、何兰等银行相继开设,皆为贷款之营业,而外国商人之个人放款者乃少。外国银行实为清末中国金融之中心也。[②]

以上所诠之私人钱贷种种,前列之①②③④⑤五种,概为无质之贷款;其第⑥⑧二种,则兼为质贷及非质贷二业;至于第⑦种当商,则专为质贷者也。除官私贷以外,在清末尚有外国对中国之国际贷款,此种贷款多发生于战败赔款,亦系息贷。[③]

总之,社会之组织随经济之进步而日趋复杂,故贷借取利之现象,亦愈至近代而愈繁琐。然在另一方面,经济愈发达,而货币愈趋简,而有画一之势。故清代一方面钱贷之种类特多,于以利息之形式亦特繁;而另一方面,谷物之货币任务渐微(非自清代始也),而谷物息贷,并不与钱债同趋复杂,且较古代或更简单。此实有清贷息之特征。此外,国际贷款之利息,亦为历代所无,而创见于清,亦可谓为清代特征利息之一也。

第二节 清代利息率之高低

清代利率之高低,一般之趋势,为前高后低。(详情见后第三节。)以下详述其各种利息之高低情形,以明真象。

(1) 贷谷

a. 官贷

官贷谷类加息,其息率大小,可从乾隆三年帝谕算出。其言:"各省出

① 《清代通史》卷中,第二篇,第八章。

② 广畑茂:《支那货币史·钱庄考》,三四三页,〔日本〕建设社,1933 年版。(清代外国银行,可查《中国银行年鉴》。)

③ 《清史稿》卷一二五,食货志六,二十五叶。

借仓谷,于秋后还仓时,有每石加息谷一斗之例。”[1]而其贷期每年春借秋还,一年借一次,一石加息一斗,是利率可以谓为年利百分之十(10%)。惟严格而论,贷期实不满周岁也。

b. 私贷

① 个体贷息 个人私贷谷物之利率,在无质之贷。据黄可润言,“北方债利甚重,每借一石,加利三五斗”,[2]可知其利率约为年利百分之三十至五十。盖因一般之谷贷,皆以春贷而秋冬还也。此虽为北方情形,南方亦当相差不多。在有质之贷,如嘉庆时秦承恩所云江西质谷之情形,“甲年正月初一日,押谷一石,十二月三十日取赎,只许加利三斗”。[3] 是当时质谷年利三分取息(30%)。由此可知,当时无论南北,私贷有质则为年利百分三十,无质则为年利百分之四十或五十,此即大地主富农贷给贫农谷物而取息也。

② 团体贷息 团体贷谷,即社仓之谷贷。社仓之贷利,康熙十八年时,为“春日借贷,秋收偿还,每石取息一斗”,[4]不满一年之期,取息百分之十,约合年利百分之十以上(10%)。至四十二年,即有议行二分收息之事。[5] 至雍正时,则“其收息之法,凡借本谷一石,冬间收息二斗”[6],已增为年利百分之二十(20%)矣。惟于歉岁,则减息一分,或尽免之。嗣至乾隆时,又定社仓出借谷石,歉岁免息[7],而于熟岁则加一计息。[8] 是利率复由年利百分之二十,减为百分之十矣。

总之,清代贷款,无论官贷或私团体贷,其利率皆甚轻,约为百分之十。至私人贷则利息较高。质贷则年利百分之三十,非质贷尤高于此数。

① 《皇朝通典》卷十七,食货十七,蠲赈下,灾赈,二七叶。
② 《牧令书辑要》卷四,一叶。
③ 《皇朝经世文编》卷四十,户政,劝民间质粟谕,十八叶。
④ 《清史稿》卷一二一,食货志二,二十叶。
⑤ 《清史稿》卷三〇三,列传九十,册八九,陈世倌传,二叶。
⑥ 《清史稿》卷一二一,食货志二,二十叶。
⑦ 《清朝文献通考》卷三十六,市籴考五,籴,九叶。
⑧ 《钦定大清通典》卷十二,户部,六叶,积贮,乾隆二十三年。

(2) 贷款

a. 官贷

官贷利率仍依前节分类考究之:

① 中央政府贷款息　有清中央政府贷款于商人之事,由前节之研究,已见其盛况。至其利息率,则在道光十五年,有“将一分帑息减为三厘”之事[①]。是在道光十五年前,直至帑息发生之雍正年时,其息率盖在年利百分之十以上。而至道光十五年后,虽减帑息利率为百分之三,然不久而帑本之贷亦随之消逝矣。

至于中央贷给金融业之款项,其生息按《中国通商银行章程》,则依普通存款之例,常年生息二厘,即年利百分之二至五也。[②] 至于贷给其他金融业之款项(如票号之类),则其息亦在二厘至四五厘之谱。[③] 由此可见,政府贷款金融业商之利率,不若贷给盐商利息之高,约为年利百分之三至四。

② 地方政府贷款息　据前节所述,地方政府贷款生息之事,发生于政府与商人之间。至于息率,则在道光时,觉罗宝兴在川所贷之银(见前节),其息则稍平。观其为疏言:“以三十七万〔两〕发盐商,岁可得息三万七千余两。”[④]其息率恰当年利百分之十(10%)。同治时,招商局所借户部之钱,谓准照练饷制钱制假贷,其息亦当与百分之十相若。[⑤]

③ 社会救济机关贷款息　关于此点,有道光时刘衡所为《筹款收养孤贫禀》可查,中谓:“以上二项,均每千每月支息钱一十二文,作为收养额外孤贫之费。”[⑥]所谓千文月息十二文,即年利百分之十四强(14.4%)。此数盖系当时一般当商存款之息率,知此一则,则各社会救济机关之贷款

---

① 《清史稿》卷一二三,食货志四,十二叶。
② 《皇朝掌故汇编》,内编,卷二十,钱法二,二十二叶。
③ 《清稗类钞》十七册,七一页。
④ 《清史稿》卷三六五,列传一五二,觉罗宝兴传,二叶。
⑤ 《清史稿》卷一五〇,交通志二,轮船,一叶。
⑥ 《庸史庸言》卷下,十八叶。

可以例推知。

④ 金融机关贷款息 官办金融机关之最早者,有光绪九年留坝厅之裕民公所,其为放款,“息以十一取其赢”,[①]是其贷息为年利百分之十。惟此非纯商业性质之机关,其所贷款,多给贫民,此率不足代表一般之官办金融机关也。所谓商业性质之金融机关,即光绪末之户部银行,或大清银行,及交通银行。惟此银行当时放款之利率无从考查,然在与一般商业银行竞争之下,其息率当与普通私立银行之贷息相仿,即“放款押款利息,每年六厘至一分二厘”为度。[②]

由此观察,足见当时政论之官贷款项,其利率按年利计,最高为百分之十四,最低为百分之二。同时,可见其息率乃先高而后低(如帑息之例);贷给盐商之息高于贷给金融业者之息;无抵押之贷息高于有抵押之贷息。

b. 私贷

① 普通商人贷款息 雍正时,商人贷款约分三方面。其对于农人为放款第一方面,直隶总督方观承曾令商人不得久居蒙古放债,以碍彼等生计,[③]可见其贷款利率甚高,否则不至碍其生计。嘉庆四年,广西有客商重利盘剥之事[④];道光八年,湖北枣阳有相类似之事[⑤],是普通商人贷款之利重,乃无疑义之史实,惟究竟其高度如何,不可知也。而李殿图所论“裕仓储以济民力”云:“甘肃春季有山陕客人,借本布种,秋间折收其粮,俯首出加倍之息。”[⑥]是不至周岁,取息加倍。足见当时商人之贷款于农人,其利率约为年利百分之一百也(100%)。其第二方面,贷款给灶户。其息率可自朱轼之疏察之:“灶户资本,多称于商人,至买盐给价,则权衡子

① 《清史稿》卷四七九,循吏传四,陈文黻,四叶。
② 《皇朝掌故汇编》内编卷二十,钱法二,二十二叶。
③ 《清史稿》卷三二四,列传一一一,方观承传,三叶。
④ 《清史稿》卷三五九,列传一四六,谢启昆传,三叶。
⑤ 《清史稿》卷四七八,循吏传三,郑敦允传,八叶。
⑥ 《皇朝经世文编》卷五十,户政,十三叶。

母,加倍扣除”,[①]是其息率,高至加倍。惟其贷借期限未定,不能断定其息率确为几何。然盐商买盐给价,最多亦不能过一年一结账,若如是,即为年利百分之一百(100%)。倘或不至一年结账,则利率更高矣。故道光时陶澍有言,谓:灶户之“借贷(于商人),则要重息”。[②] 由此可见清代商人之贷款于农人及灶户,其息甚重。

② 地主富农贷款息　地户富农贷给贫农佃客之钱债,其取息,据陆陇其云“重利盘算”[③],但不知其确利几何。而所谓重,当比法定月利三分为高矣!或与地方富农之贷粟(见前私贷谷),年取息百分之四五十相若。

③ 旗人贷款息　史书载,康熙二十三四年,杭州驻防旗兵有放印子钱取息过重之事[④],是其利率之高于法定月利三分可知,但不知利率确为几何。雍正之时,亦有谕禁放重利债[⑤],至乾隆之初,此种重利债始泯于世。[⑥]

④ 灶户贷款息　乾隆十六年有煎丁重利借谷于灶户之记载[⑦],其利率确数亦不可知。

⑤ 私人组织之信用合作团体贷息　此种团体,本有二种:第一为会馆,第二为“七贤会”等合会。在会馆之放款于会员,按清末情形,其利息率为每月六厘,按年息算,则为百分之七点二(7.2%)。[⑧] 其七贤会等之利息,本由借款竞争而决定,其利率不能一定,完全由竞争之烈否而定。[⑨]

⑥ 票号(或票庄)贷款息　山西票号之经营,可分三帮:平遥帮,太谷帮,及祁县帮。三帮之营业虽同,而放款利率则不无稍异。平遥帮票号放

---

① 《皇朝经世文编》卷五十,户政,十三叶。
② 《清史稿》卷一二三,食货志四,九叶。
③ 《皇朝经世文编》卷二十八,户政三,二叶。
④ 《清史稿》卷二七五,列传六二,册八五,赵士麟传,二叶;马如龙传,五叶。
⑤ 《清朝文献通考》卷三十二,十九叶。
⑥ 《清史稿》卷三〇四,列传九一,册八九,张照传,一一二页。
⑦ 《清朝文献通考》卷二十九,征榷考四,盐,二七叶。
⑧ 《中国经济全书》,第五册,会馆会所,二二〇页。
⑨ Smith, *Village Life in China*, chap. XⅣ.

款,约为月利五厘至七厘,换言之,即年利百分之六至八点四。太谷、祁县二帮之放款利息率,约为月利七厘至一分,换言之,即年利百分之八点四至十二。[①] 由此可见山西票号之贷息,约由年利百分之六(6%)至百分之十二(12%)。

⑦ 银行钱庄贷款息　清末中国私人组织之银行,如中国通商银行,其放款押款利息率,每年六厘至一分二厘不等。[②] 换言之,即年利百分之六(6%)至百分之十二(12%)。清代钱庄之贷息不可考,想在金融市场竞争之下,其息率当与银行相仿。此外清代所发行之内债,大部分亦为银行、钱庄之金融业者所承销。其利率,光绪二十四年之昭信公债,年利五厘,而宣统时之爱国公债则为年利六厘,换言之,即年利百分之五至百分之六(5%—6%)。[③] 惟于此公债承销之时,恐有折扣,如有折扣,则利息率虽名义上为五六厘,实际上恐须高出此数也。

⑧ 当铺贷款息　清代当铺贷款利息率,可自雍正方观承劝富户业主当商之谕观察之,谕谓:"尔当商人等,嗣后于贫民所质犁锄,及一切农用什物,宜各按每月三分之利,让半听赎。"[④]当时利率盖为月利三分(法定最高利),即年利百分之三十六(36%)。裕谦亦有相同之谕言,其利率亦言三分[⑤],足见此数为清代之通例。同时,当商往往以过一日为月,或过五日为一月,从期限上求利,则其实际之利息率,当不止为36%也。[⑥]

⑨ 外国商人及银行贷款息　清代中叶以前,外国商人之放款吾国者,其利率不下月利五分,暂借者亦二三分,而质贷者,每月尚可收息一分。[⑦] 换言之,普通贷款之利息,约由年利百分之二十四至百分之六十(24%—60%);,而抵押贷款之利率,约为年利百分之十二(12%)。至于

---

① 《清稗类钞》十七册,七〇页。
② 《皇朝掌故汇编》卷二十,钱法二,二十二叶。
③ 《第一回中国年鉴》,五八九页。
④ 《荒政辑要》卷六,十七叶。
⑤ 《牧令书辑要》卷四,五十六叶。
⑥ 《清史稿》卷四七六,循吏传一,陆师传,二十叶。
⑦ 《清代通史》卷中,第二篇八章,一三四页。

清末银行之贷息，乃为年利六厘至一分二厘不等[①]，即年利百分之六至十二(6%—12%)。而其贷之政府则利率稍低，如清末外商之贷款于铁路，“贷之者大率资金十予其九，息金二十而取其一”。[②] 可见其息率为百分之五，更加原本之九折，则息率更高，约当年利百分之五点五(5.5%)也。

兹为表明清代外债之各时期外债利率起见，列表于下：

时间	总额	利率	折扣
第一期(同治四至光绪十三)三十年	570 000 000 元	5%—15%	
第二期(光绪十三至二五)五年	555 000 000 元	4%—5%	83—93
第三期(光绪二十六年后)十年	赔款债 375 000 000 元	5%	
	赔款 686 000 000 元	4.5%	

此外尚有国际贷款息率问题，当时贷款利息，列表如下：

名称	俄法借款	英德借款	英德续借款
总额	四万万佛	一千六百万镑	一千六百万镑
折扣	94.125	94	83
利率	4%	5%	4.5%
实际利率	4.3%	5.3%	4.8%

兹为明了清代各种借贷之复杂关系及利率起见，作图如下：

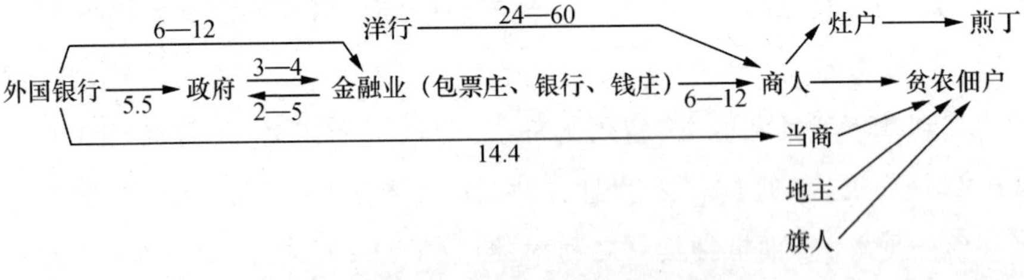

清代社会各种贷借关系及利率图

由上述各段，可以归纳而得数点结论：① 可见民间贷款之息率，最低为百分之五，而最高为百分之一百；② 利率亦有先高后低之趋势；③ 个人

① 《皇朝掌故汇编》卷二十，钱法二，二十二叶。
② 《清史稿》卷一四九，交通志一，七叶。

之贷息常高于团体之贷息;④ 商人之贷款于农人,其利率皆高于金融业之贷于政府与商人;⑤ 无质之贷款利息率较有质之贷款息率高;⑥ 长期之利率较短期之利息高。

第三节　清代利息之所以高低之原因及影响

清代社会经济所发生之利贷复杂关系,及其利率高低不同,已如前述。兹更研究其所以高低之原因与其影响。

(1) 利率所以高之原因

清代一般乡村之借贷,不论其为谷为款(除合作团体及政府借贷外),利率皆甚高,其原因何在?其最主要之根本原因乃由于农业之贫困。

a. 农业之贫困　农业所以贫困之原因,又可归之于四点:第一,因地瘠生产少;第二,因人口众,支出多;第三,因灾害之破坏生产;第四,因租税而压迫支出。就第一点而言,里赫特哥芬(Richthofens)曾谓:"中国耕地过分枯竭,缺乏最必要之肥料成分,因此而生产减少。"[①]此盖为中国历代一般的农业衰落之原因。如道光时郑敦允之论枣阳,李殿图之论甘肃,皆因地瘠民贫,而必假贷出利,即此之例。[②] 因此而农民生活之困苦与否,乃完全视其支出之多少而定。而其支出之多少,即决于每户人口多少(与土地之比例)。农民每户非有相当之田地,不能有优裕生活。更就土地分配而论,自明代已有土地集中之势(见前章第三节),惟以明末之国内战争,及朝代之更迭,乃至人口减少,田地荒芜。明代显贵之田庄消灭,而土地私有,在清乃达于相当的平均。同时,因清初政府之支出缩减,租赋轻减,故有清初农民进步之过程。[③] 惟百年中进步之结果,人口大增,

① 《中国社会发展史》,第二十三章。
② 《清史稿》卷四七八,循吏传三,郑敦允传,四叶。
③ 《中国社会发展史》,第二十三章。

于是土地复渐趋于集中。此由乾隆八年之谕可见,其谕云:"不久以前,运粮官谏议限制土地之占有,每家不得过三十亩。"[①]土地集中,一般之农人遂渐变为中小农,土地少,人口多,生活费支出多,而贫困增加。地力之微,户口之众,本已陷大部农人于贫困,若更有租赋之重急,益加其支出,于是农人生计遂不能维持。如顺治赵廷臣之论催科云:"棰楚列于堂下,拶夹并于一刻,小民畏一时之刑,有重利称贷……而不顾者。"[②]足见清代征正税之暴急。同时,更有临时之苛敛。顺治时,于成龙尝谓:"频年来军需紧急,如解马、赔马,与兵马行粮草豆,冲途供应,动以千百。无计可支,故有派之民间,俟日后销价给发者。……不知先取后发,虽云至公无私,小民之揭借,其利已经数倍。"[③]康熙时,陆陇其亦尝论曰:"今则以兵饷之故,正月开征(本应秋征),民间尚未播种,而追呼敲扑,急逾星火。有余者,尚可勉强支吾;不足者,势必转贷完官。"[④]此种"苛敛杂派之害,百姓十室九空"。[⑤] 贫农受租税之迫,其所生产,更不足支出,而生活益感无计。更进一步言,或以贫农而遇天灾,则并生产而破坏,农民尤无生计。例如那彦成之《劝富户恤贫民谕》,即谓甘肃各属,春泽愆期,夏禾被旱,即有贫民乏食,乃不能不借贷以维生计。[⑥] 道光时刘衡亦因春荒而劝地主富户予以借贷,以资救济。[⑦] 足见天灾之破坏农人生产,使其生活不能不乞援于人。凡此四点,地瘠口众,租税繁急,天灾流行,皆农人所以贫困之原因。黏着于土地之农民,因此四者之相互作用,而不可避免的陷于绝境,甚至欲维持暂时之生活皆需赖他人之援助;故其对于借贷,乃为迫切,需要之程度过高,遂不惜以最大代价,换取金钱与食物,此实清代利率高之根本原因。

---

① *The Economic History of China*, By Mabel Ping Hua Lee, N. Y. 1921, p. 416.
② 《皇朝经世文编》卷二十九,户政四,十三叶。
③ 《牧令书辑要》卷二,四十四叶。
④ 《皇朝经世文编》卷二十八,户政三,二叶。
⑤ 《清史稿》卷二四四,列传三十一,成性传,八十二册,六叶。
⑥ 《筹济篇》卷十,劝谕,十一叶。
⑦ 《庸吏庸言》卷下,二五叶。

b. 地主富农之存在　一方面一般的农民贫困,而另一方面则因土地之集中,而有大地主富农之存在。此就上段所述土地集中,已见其势。况观清代之皇室、宗室旗营之庄田,大者乃至千亩。[①] 更观那彦成之谕云:"富户田亩,多者数顷、数十顷不等。"[②]雍正方观承亦曾以旱灾而劝谕"有力之家,当知任恤之道"。[③] 凡此皆见清初乡间有大地主及富农之存在。乡村之大地主富农,可以因其势而垄断款项,囤积谷物,抑制供给,而促进贫农借贷财货之代价,亦高利所以构成之一原因。

c. 商人资本之投机　虽然清代之初,满人政府亦重农业而贱商业,但以社会秩序之平静,交通之便利,金融制度之进步,租税制之改良等原因,商业亦渐趋发达。[④] 一方面,在每一个村镇之中,几皆有当商之设,而为小本贷借之经营[⑤];另一方面,则商旅之迹,已深入于农村之各处。例如前述(第一节(2)b①)之广西、湖北、甘肃等处,甚至蒙古、新疆,皆有客商之经营。可见清代商旅已普遍于全国各处。彼等手内有集中之资本,可以随时乘农民之急,垄断贷款,获取高息。[⑥] 而农民除自彼等取得贷款外,更无其他贷借之门,乃不得不"借本布种,秋间折收其粮,俯首出加倍之息",[⑦]皆奸商居奇之所致也。故商人资本在乡间之垄断居奇,以抑勒贷借资本之自由供给,亦乡间高利之一原因。

d. 旗人惠济银之积累　清代为优待满族官兵人等,乃有惠济银两之赐。(见前一节(2)b③)此种银两,亦可以效商人之居奇,承农人之急,而为高利贷借,以剥削之;此即所谓印子钱。[⑧] 清代资本之偏集于旗人之手,亦清代乡村高利之一因。

---

① 《清代通史》卷中,第二篇八章。
② 《筹济篇》卷十,劝谕,十一叶。
③ 《荒政辑要》卷六,十五叶。
④ 《中国商业史》,第三编,第一章—第四章。
⑤ 《中国社会发展史》,第二十三章。
⑥ 《清史稿》卷二四四,列传三十一,成性传,八十二册,六叶。
⑦ 李殿图:《裕仓储以济民力》,载《牧令书辑要》卷四,四叶。
⑧ 《清史稿》卷三〇四,列传九十一,册八九,张照传,一一二页。

以上诸因，实为清代乡村社会贷利增高之原因。有此原因之存在（尤其是前述农商因子），所以通清一代，乡村之高利虽有渐减之势，但始终存在而不泯。但一方面利率甚高，另一方面复有低利率之现象（见前节），此何以解？此其原因有四：

（2）低息之原因

a. 金融制度之发达　低利贷款第一种，发生于金融业之贷款商人。盖清代中国金融制度中，曾发生空前之大变化，即"票号"之创设。票号专办汇兑事业，与现代金融组织之商业银行颇相似。每票号皆设总号一与分号多处，由总号或分号可以发汇至各省各地有联号之处，付款与收款人。① 由此票号之制度，乃促进全国各都市之金融流通，可以随而充实资金之枯竭，而解决各城市之"金偏在"问题。各都市之资金，既可适应其需要，而加以调节供给，于是各地需求资金之程度不致太高。同时，汇兑制度可以促进资金周流之速度，不啻增加资金之供给，亦可因以减少一般资金之需要。凡此二种作用，皆足减低金利。嗣后各都市之银行钱庄开设，金融制度益臻完密，而利率益平。清代金融制度之发达，实都市利率之减低，最大原因。

b. 政府资本之积累　低利贷款，第二发生于政府与商人、当商及金融商等之间。盖当时政府以时征赋税，积累大量之财富于国库，或地方库，以待支出。若徒呆置于国库，则毫无生息之可言，然若以之为本而经营企业，或放之农业，虽可得高利，又不能随时提出以应用，故宁肯以低利放之商业者，犹胜于呆置无息也。政府资本供给之多，减低商人之需要程度，且资本之在政府，亦减少其生产之价值，此实贷款低利之一原因。

c. 担保信用之可靠　低利贷款，更发生于金融业与政府之间，由金融业者（如银行）以承销公债等方式，借之政府，其息甚薄，此其原因。固

① 《中国商业史》，第三编，第四章。

亦由金融制度之改进,金融市场之发达,而政府之担保比较可靠(往往有以国家税收担保者),亦其中原因之一。此外,同时同类之贷款,无质贷款之息高于有质贷款之息,亦有保险费存在于利息之中。

d. 外国资本之输入　自元末,外国在华贸易一度衰败后(见前),至明正德时,因葡萄牙人发见好望角而东西之航线以通,于是西洋各国与华人之贸易,又渐趋发展。直至道光二十二年(1842)雅片战争以后,于是各国之商业势力,日见膨涨,大有喧宾夺主之势。[①] 其初西洋购取大宗华货,而办理入大量之银贷为抵。[②] 嗣后外商在华银行设立(最早在道光二十五年,1845)[③],国际贸业益见发达,外国资本源源输入于中国,乃有调剂世界与中国资本荣枯之作用。于是中国都市之利率,乃受先进工业国低利贷款之影响,而利率减低。

(3) 利率高低之结果

a. 沟通乡村都市间金融脉络之新兴阶级产生　以上四种原因,实清代低利率之所自成。但细察史迹,此种低利率仍不能立即否定高利之存在。高利存在于农村,同时低利率存在于都市,乃形成两极矛盾之现象。因此两极矛盾现象之存在,遂有人出而调和其间,即为内地之商人、地主等。彼等转环于上下,一方面可以低利借款于都市,一方面可以高利放款于乡村,从中牟利,而联系此发展不均衡之乡村与都市于一体。(自前节末之借贷关系图可见。)此种高低利率间之距离愈远,其间“中间人”(Middle-man)阶级之存在的可能性亦愈大。清末社会高低利率间之差甚大,故当时乃有此“中间人”阶级,应运而生。此实当时高利贷利结果之一。因此“中间人”阶级之存在,一方面,彼固可以促使都市之低利资本,向高利之乡村流动,但同时亦因此新兴阶级之操纵牟利,使乡村之借贷利

① 《中国商业史》,第三编,第六章。
② 《中国商业史》,第四编,第三章。
③ 《中国商业史》,第三编,第九章。

率，不易迅速的减低。故清季农村社会，虽有较古代稍低之利率，但仍不能免有人受高利之剥削，此皆由“中间人”阶级作祟其间也。

b. 农民之破产而土地集中、奴隶增多　在上述之上下借贷联系之中，利息被汲取之最下层，即为农民；农民无更高利可复贷，及不得听人宰割，日趋破落。其破产之第一步，即以生产工具为质以借款。如雍正时方观承云：“村民每际农隙，辄取犁锄半价赴质，质及犁锄，其贫可知。”①又如道光时裕谦所言：“失业贫民，辄将农具，半价典质。”②其无偿息款者，则为典商所有矣。第二步则为土地之丧失。夫地土之集中（见前），本为乡村高利贷原因之一，而因高利贷转而更促进土地集中之过程。农民之资产，最主要最宝贵者，即其土地；而农民破产，亦至土地丧失至于其极。康熙时陆陇其所论：“一岁所入，不足以偿债，……转眼改岁，新征又至，所以阎闾日穷一日，逃亡日多一日，地亩日荒一日也。”③嘉庆广西之土司，乃贷款而以田产准折。④ 道光时，枣阳有客民以重利称贷而折人田产之事甚多。⑤ 凡此皆农民因高利而失产之事。农民之破产既多，土地当然集中于商人、地主等贷款者之手。更观乾隆五十一年（1786年）之上谕：“据河南总督毕沅疏云……山西居民，因河南居民之贫困，而以低价购买其土地，因此在河南土地之占有，大部皆在山西人之手。”⑥而山西人实清代高利贷之第一流。由此益见土地之因高利而集中，甚至折没土地而不足，则有以人口折债者。例如清史成性所陈“民生十害”，乃有因利债而折没妻孥⑦。故高利之结果，亦可以增加社会之奴婢也。

c. 都市之工商业一时之发达　农业破产之反面，即为一时之都市发达。盖由借款低利，放款重利，商人乃直接得利，故可以有相当之发达。

---

① 《筹济篇》卷十，劝谕。
② 《牧令书辑要》卷五，五十六叶。
③ 《经世文编》卷二十八，户政三，二叶。
④ 《清史稿》卷三五九，列传一四六，谢启昆传，三叶。
⑤ 《清史稿》卷四七八，循吏传三，郑敦允传，八叶。
⑥ 《中国社会发展史》，第二十三章。
⑦ 《清史稿》卷二四四，列传三一，成性传，八十二册，六叶。

(当然其发达尚有其他之原因在。)例如前述之盐、茶商等,可自政府及金融业者以低利贷本,而同时各地客商又可以乘农民之急而放高利贷,其所得之利益甚大,当然商业发达。同时工业方面,如交通业之铁路、轮船局等,皆可以低利,自外国银行或中国之金融业者贷得资本(见前),而从事建设。此外之工业可自此类推。总之,清末工商业交通业之渐次发达,都市贷款之低利率与有功焉。工商业之发达,反之又可以影响其资本金周转之机关——金融之发达。此种发达之总合,即造成商埠都市一时之繁荣。

d. 政府财政仰给于银行　因中外银行之低利放款,诱致政府于财政不足之时,乃仰给于彼。清末之对外借款,多数借自外国银行(见前),而因此借款,于是政府乃与外商发生较密之关系。同时对内借债,亦不外为本国金融业之贷款(此在今日表现更清)。政府之轻于自银行借大宗款项,低利条件,亦其原因之一。

e. 高利贷之势强(详见下节。)

f. 高利之思想与法制(详见下五节。)

以上所述六点,乃利率影响之荦荦大者。此种结果,固为清代利息高低之影响,然至今其趋势仍无大变。抚今追昔,尤觉醒然。

于此尚有应补充者,即前论之低利,盖为清代各省一般之情形。此外于清代盐区之重利,及清初广州外商高利贷款,尚不能完全以上述之因果解释之,兹更略述于下。

(4) 盐区贷款高利之因果

盐区高利所以成,除上述高利原因 c 以外,更有二因:

a. 工人之赤贫　煎盐工人,本属赤贫,纯以劳动换取生活资料。但工人有时因病或其他原因而劳动效率减低,或竟不能劳动,一时生活资料无法换取,乃陷于死境。此时工人对于生活必需品之需要,达于最高程度,倘能有法以暂借,宁肯以极高之代价——利息——购得,此实煎丁贷款高利之唯一原因。故乾隆十六年两淮盐政吉庆奏言:“两淮各场煎丁,本属穷民,专以煎晒盐斤为业,每因盐斤不能接济,自各灶户重利借贷,以资日用。”①

b. 盐业利润甚高　清初盐税减轻,煎盐业之利润率盖甚高,犹当在加倍以上。盖不如是,则煎盐企业之灶户,决不肯以加倍之利率,自商人贷借资本而经营之。观康熙朱轼之疏言:“灶户资本多称贷于商人,至买盐给价,则权衡子母,加倍扣除,又勒令短价,灶户获利无多。”②可知其利率加倍,而灶户犹有利润可图,此其所以肯以倍息贷本也。利润之高,乃灶户借款利高之主因。

至于盐区高利之结果,可略述如下:

c. 盐商发达,煎丁衰落　盐业中人,可分三级:第一级为盐商,第二级为煎盐工业家(灶户),第三级工人(煎丁)。三级人之任务,盐商自出资本,重利贷之灶户煎盐,更以低价自灶户收盐,贩之他处;既可得贷款之利,又可得贩盐利润,故结果盐商发达。(能以百万贷给政府,可见其富。)而其所以发达,高利贷为其原因之一。至于灶户借人之款出高利,固为损失,但煎盐之利润甚大,尚可以与利息抵消。同时,更以重利贷之煎丁,亦可稍资浥注,虽无大利,最低限度,可以维持其营业。至于煎丁则不然,既为人所剥削,更无法以抵偿,故生活日渐其贫困而无止境。

(5) 广东外商贷款高利之因果

广东外商贷款高利之原因,简言之,不外为利润高之所致。盖在清初闭关之时,除澳门外,以广东为唯一对外通商口岸,故对外贸易遂独占于二地商人,而其利益亦集中于此。故其利润率于此二地,亦当甚高。因利润率之高,乃影响市利率之增高。其结果乃影响资本之集中,盖资本之流往高利之处,乃自然之趋势也。故广州之高利,最重要之结果,乃诱致外

① 《清朝文献通考》卷二九,征榷考四,盐,二十七叶。

② 《皇朝经世文编》卷五〇,户政,十三叶。

地资本之集中。据乾隆四十七年之统计，广东商人所负外债之额，约达三百八十万一千〇七十七先令。是额在近日固不为多，而在海禁未开之时，广东一隅，其数目已若此，不得不视为可惊之现象矣。[①]

第四节　清代高利贷者之情势

清高利之存在，已如上节所言。高利之普遍的存在，乃影响高利贷者阶级之形成，即所谓"兼并之家"也。[②] 兹更就高利贷者阶级之情势，加以探讨，以见其所处于社会之地位如何。约言之，此种人于乡村间，往往利用其居奇之资本势力，而为所欲为，乃形成土豪一流，其势至凶。其力之大，更可势倾一县，侵凌长官，则尤高利贷者之巨擘者也。以下分自数种观点，以视高利贷者之情势。

（1）高利贷者之勒索平民

高利贷者，僻处一地，恶霸一方，每假财力，欺辱借者。如《清史稿·成性传》谓：康熙初"无籍乘急取利，逐月合券，俗谓印子钱，利至十之七八，折没妻孥，为放债之害"[③]。更观"赵士麟传"，"杭县民，贷于驻防旗兵，名为印子钱，取息重，至鬻妻孥、卖田舍不偿"[④]。足见高利贷者之以钱债而准折人口，其强暴可知。更观清律例，"霍山县有严宗寿者，始则违例折扣，借放钱文，继因增添芃无力偿完，勒令将庙屋田地抵欠，毁庙毁像，平开地基"[⑤]，益见高利贷之勒索贷者，而平民无法以抗也。

（2）高利贷者之欺凌职官

高利贷者不仅可以勒索平民，有时而于官吏亦无所惧。盖清代官吏

① 《清代通史》卷中，第八章，一三四页。
② 《皇朝经世文编》卷三十六，户政，三叶。李兆洛：《凤台县志》，论食货。
③ 《清史稿》二四四，列传三一，成性传，册八十二，六叶。
④ 《清史稿》卷二七五，列传六二，赵士麟传，册八十五，二叶。
⑤ 《大清律例汇纂大成》卷十四，户律钱债，二叶，三层眉列。

亦有时不免借自高利贷者。例如乾隆五十年汪辉祖有文劝吏勿为债累①,而同治十三年吴崇疏言:“部章新班遇缺人员,补官较易,服官川省者,报捐不异重利借贷”,②可见清代之官不免为高利贷所困。既为所困,而贷者之于官吏,遂无所畏惧。故康熙二十二年乃有高利贷者营民马化龙殴官之案③,而乾隆四十八年更有“马廷璧等举放重债,逼死灵邱县知县张有蕴一案”④。高利贷者因债事,至殴打职官,其因索债而逼死县官,更不知国法政治为何物,其情势之横,可谓极矣!

(3)高利贷者与政治之结合

高利贷者,就上述之勒索平民与欺凌官吏,已见其社会势力之强大,若再益以政治力量,其社会势力益大矣。例如康熙十一年之云南藩庄,其称贷重息,人或丝毫负,亦以逃兵诬之,有司亡谁何。⑤ 同时刘荫枢疏言:“京师放债,六七当十,半年不偿,即行转以子为母,数年之间,累万盈千。是朝廷职官,竟为债主厮养。”⑥或以索债而陷借者于罪名,或折扣重息,而剥削子民,其势尤甚于平民之放债者。甚者雍正时“八旗佐领等,有以印子朘所部旗丁者”。⑦ 是不惟以重利盘剥百姓,并以重利盘剥属下兵丁,其胆妄尤为罕见。此外更有内廷太监之为高利贷者,如清律例云:“嘉庆二十二年吴进为太监……违利放债,以致外间传有‘西霸天’绰号,其向富勒浑索欠时,即有‘如不还钱,定将伊针刺下体’之语。恃强威吓,情殊可恶。”⑧此宫廷之人,而为高利贷款,其势可想,更观其威吓手段,尤见其凶横之情。

① 《学治臆说》卷上,十七叶。
② 《清史稿》卷四二五,列传二一二,吴棠传,三页。
③ 《清史稿》卷二七五,列传六二,册八十五,赵士麟传,二页。
④ 《大清律例汇纂大成》卷十四,户律钱债,二叶。
⑤ 《清史稿》卷二五三,列传四十,册八十二,李兴元传,三页。
⑥ 《清史稿》卷二七六,列传六三,册八十五,刘荫枢传,六页。
⑦ 《清史稿》卷三〇四,列传九一,册八十九,张照传,一一二页。
⑧ 《大清律例汇纂大成》卷十四,户律钱债,二叶。

(4) 高利贷者之在社会地位

高利贷者既有如上述之势力,且身为官宦者,亦参加此种事业,其在社会上之地位,当然至高。故西人马扎亚尔云:“当时资本之从乡村入于城市及工业方面,特别是入于高利贷手中,在一八八〇年(光绪六年)已甚显然矣。精糖厂主或钱庄老板之受人推崇,地主较之,则不如。”①

由此数方面观察,可得结论,高利贷者之势力凶横,无法无天,在清初特别显著;嗣后政治渐趋正道,法律之拘束谨严,而高利贷出乎法外之凶顽举动渐少,然其在社会之地位势力,确臻稳固矣。

第五节　清代关于利息之思想及法制

清代利息之问题,如前所考,既甚复杂,其时之利息思想法制,亦相当于事实而见发达,兹列叙于后:

(1) 关于利息之思想

a. 反对利高之思想　此类思想,可分为二方面。第一方面,乃反对高利之思想。如道光刘衡之论黄震仓储制言:“不得辄贷,贷不取息,此可谓善法朱子者矣!”②是其于民间贷粟,赞成免息,其命意即反对当时社仓之取息也。更观方观承之劝当商对于农具之质,减息一半,其言谓:“不病农即以惠商,本道非有所偏也。”③其重农之意,溢于言表。此实主张农人之利益,而反对高息。此二人者,或以仓粟救荒,而反对取息,或以高利伤农,而劝其减息,皆居于反高利之态度。

b. 赞成利息之思想　而于另一方面,则有赞成取息之思想。如陆世

---

① 马札亚尔:《中国农业经济研究》,一九三页。
② 《荒政辑要》卷九,十四叶。
③ 《荒政辑要》卷六,十七叶。

仪之论盐粮赈贷诸法,则谓:“社仓春散冬敛,取息什一,得先王春秋补助之意。”[①]是其对于仓贷取息,以其为先王法而公布之,与前述之刘衡,恰立相反地位。惟二人之态度,皆标榜古人以为是非,并无一己之主张,非进步之思想也。而陆曾禹之论明林希元贷牛种取息之事,云:“不取给于官,而通那于民,非至公至当,可乎?故加息立券,万不可少。”[②]其意所含二点:① 示官贷民之不当取息,② 示民贷民则取息,为至公至当之事。其所以认为至公至当之理由,虽未明言,惟可推知,盖彼以为民间互贷,本皆有息,自然利息之现象,即为至公至当之事。兹由官代贷,亦不应违社会自然之秩序,颇有放任主义之意。以上乃赞成依法制或习惯而薄取息者,此盖为清代大多数之思想。此外更有主张就市率加息者,如道光时之百龄,曾请增典商息三分[③]者,其意完全为增加财政之收入,更不顾农民之利害,实为妄想。然此种特殊思想,亦可以代表当时某阶级之偏见,亦以见当时政府与典商之休戚相关也。

(2) 关于利息之法律

清代关于利息之法律,乃抄袭明代法律,加以补充而成。其所规定,统而言之,盖皆为当时之高利所发,亦可谓为高利影响之结果。以下分点研究之:

a. 关于利率之规定　清律钱债篇“违禁取利”目下,有云:“凡私放钱债及典当财物,每月取利,并不得过三分。年月虽多,不过一本一利。违者笞四十,以余利计赃。重者,坐赃论罪,止杖一百。”[④]是清法定钱债利率为月利三分,即年利百分之三十六也。但有时放债者以折扣短票放债,亦高利之别一方式,于此律例亦有规定云:“放债之徒,用短票折扣,违例

① 《皇朝经世文编》卷二十八,户政三,二叶。
② 《荒政辑要》卷五,十六叶。
③ 《清代通史》卷中,第二篇七章,四一节,五叶。
④ 《大清律集解附例》卷九,一叶,雍正三年武英殿本。

取重利者,严拿治罪。其银照例入官。”①

此外对于官仓贷谷,则乾隆二年有谕曰:“各省出借仓谷,于秋后还仓时,有每石加息谷一斗之例,……若值歉收之年,不应令其加息。”②而于社仓则有律谓:“凡社仓谷石,不遇荒歉借领者,每石收息谷一斗还仓。小歉,借助者免取其息。”③是法定官仓、社仓贷粟之利率为年利百分之十。

b. 关于高利贷者恶索之规定　律文有云:“以私债夺人孳畜产业,杖八十。估价过本利者,坐赃论。(注:罪止徒三年)准折人妻妾子女者,杖一百。(注:奸占加一等)强夺加二等。因强夺而强占者,绞候。人口给亲,私债免追。”④此外,顺治时律仍存明律中之条文,“禁势豪举放私债,交通运粮官,挟势擅拿官军,绑折凌辱,强将官粮折还私债”⑤等语,亦禁止高利贷者恶索之律。

c. 关于官吏军人放利债之规定　按雍正律例有云:“外省驻防旗人,与土棍串党朋奸,举放私债,盘勒重利,……照律例定罪。……其驻防协领以下、骁骑校以上官员,本身有犯者革职。该管之将军、副都统,俱交该部照例议处。”又条云:“佐领、骁骑校、领催等,有在本佐领或弟兄佐领下措扣兵丁钱粮,放印子者,旗人照边卫充军例,枷号三个月、鞭一百。伙同放印子银者,照为从杖一百、徒三年例,枷号四十日、鞭一百。所得例银,勒追入官。……佐领、骁骑校……反与属下兵丁保借者革职。该参领交部议处。至佐领、骁骑校、参领等,平时失于察觉,以致该管兵丁,将官钱粮扣还印子银者,俱交部分别议处。”⑥又云:“如旗人有举放重债,勒取兵丁钱粮,并非在本佐领下放债者,照民人减等枷责例发落。其失察之该管文武官,俱交部议处。八旗佐领,每月将有无重利放债借债之人,出具印

---

① 《吾学录初编》卷二十一,册一,五叶。
② 《筹济篇》卷十二,借贷,十五叶。
③ 《大清律例》(乾隆)卷十一,户律仓库上,一叶,多收。
④ 《大清律例汇纂大成》卷十四,户律钱债,二叶,违禁取利下。
⑤ 《大清律集解附例》目录卷下,顺治三年五月精钞本。
⑥ 《大清律例集解附例》卷九,户律钱债,五叶,增例,雍正三年武英殿本。

结,呈报该参领。参领按季加结,呈报都统查核。"[①]另条又云:"凡兵丁生息营运银两,或占百姓行业,或重利放债以为生息者,出纳官吏,照骚扰地方,索借部民财物,计赃科罪;上司失察,交部议处。"[②]由此足见清代对于军官兵士之放印子钱,其规定甚严,不但放者有罪,即伙犯及其长官皆连坐也。嗣至光绪时定例,又云"兵士重利放赈,本管官降二级留任。自行察出者,免议;故纵者降三级,调用。地方官吏及有官职之族长,纵容兵丁、民人重利放债者,降三级调用;失于查禁者,每案罚俸一年。地方官能查拿及族长首告者,每二案纪录一次。"[③]是不惟官民有罪,官长连坐,且奖其察觉,较前尤完密矣。

此外对于行政官吏之举放利债,亦有限制,条云:"监临官吏,于所部分举放钱债、典当财物者,即非禁外多取余利,亦按其所得月息,照'将自己货物,散与部民。多取价利,计赃,准不枉法论;强者,准枉法论。不枉法者,各主者折半科罪'律,减一等问罪。所得利银,照追入官,至违禁取利,以所得月息,全数科算,准不枉法论;强者,准枉法论,并将所得利银追出,余利给主,其余入官。"[④]于此见清代限制临民官吏之放息债,其法至严,不问其利之高否,一概不许,盖恐其假政治之力量而自谋私利,以侵夺民财也。此外更有条例云:"各关出差官吏,……任满回部,未经考核,不许……生息放债。如违,交与该部治罪。"[⑤]此又对于非监临官,限制其放利债也。

d. 关于平民放利债之规定　关于百姓放利债,清律有云:"凡有民人,交通领催,违禁向八旗兵丁放转印子长短钱,扣取钱粮者,送该地方官,照领催枷号七十五日之例,减一等,枷号四十日。"[⑥]是为保障满人利

① 《大清律例》卷十四,户律钱债,一叶,违禁取利,条例,乾隆五年版。
② 《大清律例》卷十二,户律仓库下,一叶,条例,乾隆五年版。
③ 《大清律例汇纂大成》卷十四,户律钱债,二叶,三层眉列条例。
④ 《大清律例汇纂大成》卷十四,户律钱债,二叶,违禁取利下条例。
⑤ 《大清律例汇纂大成》卷九,户律田宅,十九叶,任所置买田宅条例,光绪二十九年石印本。
⑥ 《大清律例》卷十四,户律钱债,一叶,违禁取利目条例,乾隆五年版。

权,严禁平民向之放高利贷也。此外更有律云:“内地民人,照偷越番境例,加等问拟。其借债之土苗,即与同罪。”又云:“凡内地汉奸,潜入粤东黎境,放债盘剥者,无论多寡,即照私通土苗例,俱问发边远充军。所放之债,不必追偿。”[①]凡此二条,一方面固为限制汉人与边人之交通,一方面亦限制内地人之高利剥削远人也。此外,顺治元年有令谓:“势家土豪,重利放债,致民倾家荡产,深可痛恨。今后有司,勿许追比”,[②]乃为限制地主之放高利贷者也。又乾隆三十一年,两广总督杨廷璋“奏客民编保甲,禁放债”,[③]乃系禁止一般客户(多为商人)之放高利贷于土著农民也。总之,以上法律,盖皆为高利而设。

(3) 国家制度

如前所述,有① 官仓贷民谷制,取息年利百分之十。② 政府贷商人款制,(例如盐商、茶商)取息约亦年利百分之十。③ 政府对金融业贷款制,其息约年利百分之三至四。④ 清末国家银行之贷款制,其息约为年利百分之六至十二。⑤ 清末裕民公所制,其贷款利,年息百分之十。(以上五种,皆详第一节。)⑥ 当商计息让五制,康熙陆师之为官新安县,有制令质库不得有月无日,勿论久近,皆取一月息,应每月让五日。[④] ⑦ 贷款两淮煎丁制,乾隆十六年有谕:“两淮盐政公项内动银数万两,两淮煎丁逐年赴官借领,春借冬还,不必加息。”[⑤]

(4) 民间制度[⑥]

关于民间私的利息定制,据前所述,有① 社仓贷谷制,其息约为年利百分之十。② 私人组织之信用合作团体之贷款制,其息不定,但不甚高。

---

① 《大清律例汇纂大成》卷十四,户律钱债,二叶,违禁取利目下条例。
② 《清史稿》卷四,本纪四,四叶。
③ 《清史稿》卷三二三,列传一一〇,杨廷璋传,六叶。
④ 《清史稿》卷四七六,循吏传,陆师传,二十页。
⑤ 《皇朝通志》卷九十,食货略,十一盐法,九叶。
⑥ 家红按:原文此处小标题为“b. 民间制度”,今从体例标准考虑,略作修正。

③ 票号之贷款制,其年利息合百分之六至十二。④ 银行钱庄之贷谷制,取息年利百分之六至十二。⑤ 当铺之贷款制,其息百分之三十六。⑥ 清末外国银行之贷款制,其息约百分之五至十二。(以上六种,皆详见前一二节。)

凡以上所列之各种有关利息问题之制度,有一部分,如 a②③④,b③④⑤⑥,其利息高低之原因,已解释于前第三节;其余 a 之①⑤⑥⑦,b 之①②,其利息之所以低或无,皆为救济乡间贷利之高而生也。

结　　论

1. 历代利息之分类及其收付

关于历代借贷利息问题之研究，前已分论之矣，兹更总合观之，以见其一般趋势。

（1）自利息问题之观点而划分历史

但就历代利息之问题考之，则国史可分为二段：自周以降迄于清之道光，可为一段；自道光以至清末（甚至更近而至今日），又为一段。此种画分，有其理由三：① 自道光以来（尤其是鸦片战后），中国与世界金融市场发生联系。② 同时，中国金融机关自此有显然之进步，钱庄、银行相继组织成功。③ 借贷利息率乃忽然下降（尤以城市为然）。此实研究中国利息历史所应注意者。

（2）利息之发生发展与其分类

官私贷借之取利（包括贷款、贷谷而言）发生甚早。据信史考之，盖始于周代。相沿行之，以至有唐，乃臻于昌盛。就中惟官家贷款生利之事发生稍迟，盖自宋始。

中国历代之所借贷，多属食物及货币，及其至期付息，亦即以食物（谷类）及货币充之。史载亦有免劳役以为息者，即同印度古代之劳役利息

(Corporal Interest)[1],惟不经见也。

(3) 典当之发生发展与金融机关

以上所言,皆统质贷与非质贷一并论之也。兹单就质贷言之,其滥觞盖在南北朝间。初由佛教寺院经理其事,嗣后乃有民营之典当业。典当发生,当为中国社会金融机关之始。及清季钱庄、银行创设,兼办有质及无质之贷款,而金融机关乃大备。

(4) 利息之算法及其高低支付之规定

历代贷利之收支时间、利率之高低,除官贷以法令制定外,概由契约规定之。此种契约制度,肇端于周代,沿用至今不渝。至于利率之算法,在先皆为单利,迨至唐武后时,乃有禁用复利算法之律,可见武后之前,有以复利制收息者矣。自武后以后,复利制虽常受国法限制,而其与单利并存于社会,则可自史迹按索而断言之也。

(5) 历代利贷之贷借双方

此外关于利贷(包括谷、款二者而言)之借者与放者,究属何人,就历史之所考,不外数种。兹制图分列于下:

- 借利贷者
  - 个人
    - 1. 农人
    - 2. 商人
    - 3. 军士
    - 4. 盐户
    - 5. 煎丁
    - 6. 官吏
    - 7. 公役
  - 团体
    - 公团体——政府
    - 私团体
      - 1. 典当
      - 2. 票号、钱庄
      - 3. 银行

① Haney, *History of Economic Thought*, p. 39.

放利贷者
- 个人
  - 1. 商贾
  - 2. 富农地主
  - 3. 盐户
  - 4. 军士
  - 5. 官吏
- 团体
  - 公团体
    - 1. 各级政府及各种行政机关
    - 2. 裕民公所及银行
    - 3. 当铺
  - 私团体
    - 1. 寺院
    - 2. 典当
    - 3. 平准周急库
    - 4. 社仓、义仓
    - 5. 合会
    - 6. 金融业
    - 7. 其他会馆等

2. 历代利率之高低

（1）私贷利息率之高低

关于历代贷利之高低比较，可分官、私贷二方面言之。第一先就私贷利息而言。自周以至清代中叶，其息皆甚高，约为年利百分之一百，甚或过之。中叶以后，渐减至年利百分之五十乃至二十余（24%—48%），较诸前代，可谓甚低矣。以上所言之利率，大率为乡间借贷之情形。更自另一方面考之，在城市方面，借贷利率与乡村稍有不同。中国城市，据前各章所言，其发生甚早，当在汉以前。虽然，自汉以来，就史考之，未见城市利率与乡村利率之不同。惟至清朝建业，则因票号之存在（其开始年代不详，或谓其始于明末），外国银行之开设（汇丰沪行始于1865年），城市金融较乡村为活动，而城市之贷利亦减低。故在道光以后（同治四年），城市贷利已低至年利百分之二十四至六十。嗣至清末（光绪二十三年中国通商银行开办），其贷利乃渐减至年利百分之十二至六。其利率之低，已达今日之银行贷利水准。

今为醒目起见，特就历代私贷利率（大致以乡村贷款利率为根据），制曲线图如下，以示历代私贷利率变动趋势：

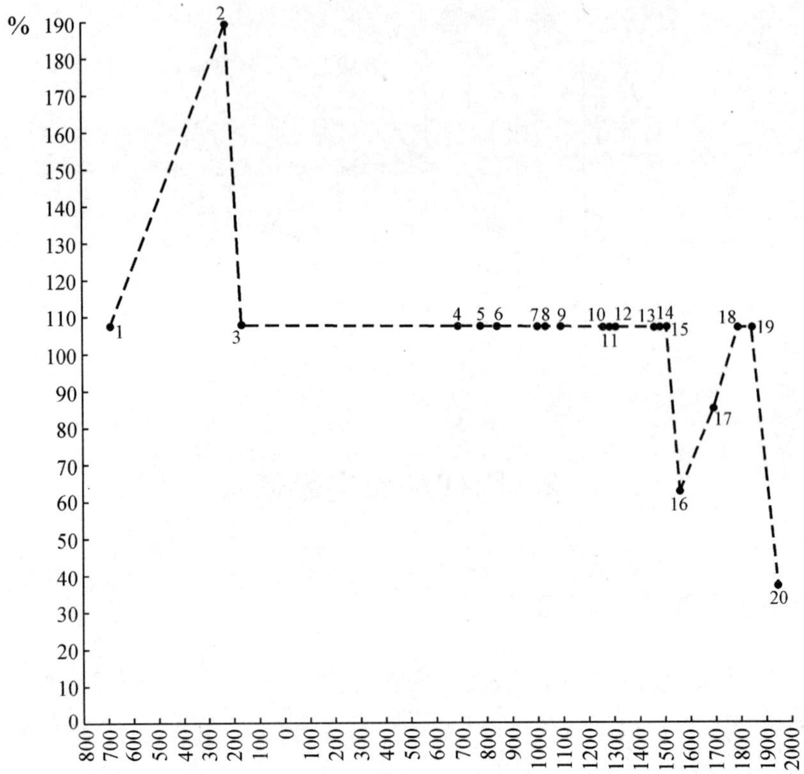

历代私贷利率高低图

注：1. 管子时（前 685，100%）；2. 秦代（择秦代不同利率之中数，前 227，190%）；3. 汉景帝初（前 154，100%）；4. 唐高宗永淳中（682，100%）；5. 唐代宗大历中（772，100%）；6. 唐穆宗长庆中（见《白氏长庆集》中策，821，100%）；7. 宋太宗中（987，100%）；8. 宋真宗大中祥符三年（1010，100%）；9. 宋神宗熙宁二年（1069，100%）；10. 元太宗十二年（1240，100%）；11. 元太宗中统元年以前（1259，100%）；12. 元世祖初（1277，100%）；13. 明宣宗宣德九年（1433，100%）；14. 明英宗正统中（1443，100%）；15. 明宪宗成化十四年（1478，100%）；16. 明世宗嘉靖三十四年（1555，60%）；17. 清圣祖康熙十一年（1672，80%）；18. 清高宗乾隆三十年李殿图成进士后十年（1176，100%）；19. 清仁宗嘉庆十九年李兆洛著《风台县志》之年（1814，100%）；20. Smith，*Village Life of China*（p210）（1899，24%—48%，Midium = 36%）。以上各注，除 6 及 20 外，皆详前各章二节。

以上所言，大致皆按贷款利率而言。至于贷款，则其利率，每与贷款相若，或有时稍高，亦不大差，且其历代利率高下趋势，亦当与钱利相同也。此外前之所列，皆非质债利率，其质债利率，当与非质债利率不同，每每较低，但以材料不全，难复详列，其变动趋势，亦可以此类推矣。

（2）官贷利率之高低

第二，再就官贷利率言之。官贷利率，就史之所考，皆低于私贷之率。周代颇低，不过年利百分之十至二十。至汉代王莽之时，亦不过百分之十。及隋唐官廨本钱，其放利忽高，最高达百分之九十六。嗣至唐季而渐低，最低至百分之二十（详见唐代章）。宋代青苗官贷，其利率亦为百分二十。至元又低至百分之十八。清代尤低，为百分之十。凡此所言，亦以官贷款项为主，贷谷不与也。然官贷款之间，每无大差。为示历代官贷利率之变动，作图如下：

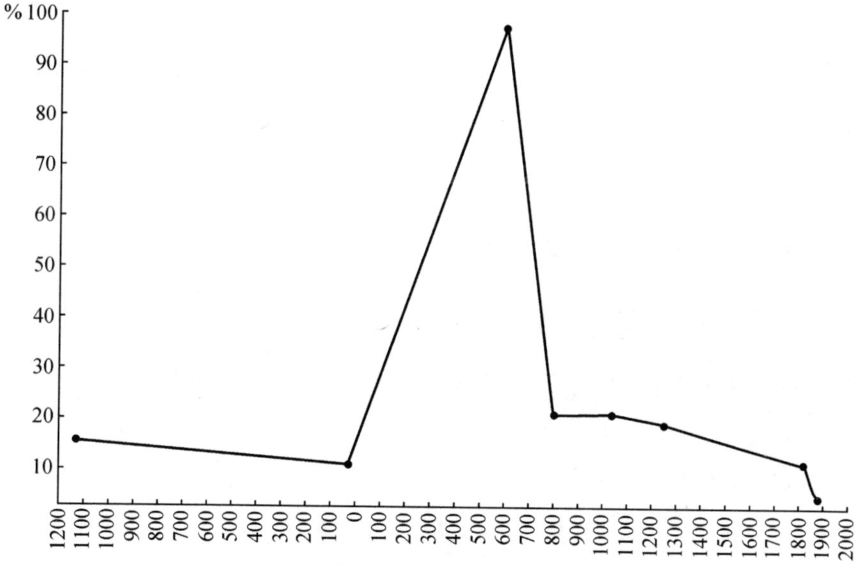

历代官贷利息率高低趋势图

注：1. 周初（前1115，20%—10%，中数10%）；2. 汉王莽时（5，10%）；3. 唐贞观十五年（641，96%）；4. 唐元和十年（815，20%）；5. 宋熙宁二年（1069，20%）；6. 宋景定四年、元中统四年（1264，18%）；7. 清道光十五年（1835，10%）；8. 道光十九年（1839，10%）；9. 光绪二十三年（1897，3%）。

惟于此不能不有所申言者，前者所论，各时代之利率，尝于数百年中，以一二利率之史料，为其时之代表利率。其一二利率之材料，既须受空间之限制；换言之，一二利率之史料，诚不能以代表一朝代长时间之利率，尤不能以某地方之利率，代表全国之情形，是属缺憾。虽然，此之研究，其所根据之材料，既皆为正史之所见，政书之所载，其材料之可靠性及一般性，较之根据稗史笔记已胜一筹。且以各时代之少数材料集合于一纸，制为曲线图，虽未能尽每时代各地方之利率真象，但欲知历代利率变动之大势，即此枯窘之材料，已克尽其效矣。矧更进而言之，据作者所知，有唐以前之利息材料，即欲更事搜求，已不可多得，文献所限，势不能藉此少数之材料，作管中窥耳。

3. 历代利率高低之因果

据前所考，已见中国历代私贷之利率，除自胜清中叶渐趋低减外，其余皆为倍息时期。关于清代利率所以减低之原因及结果，亦见清代一章，兹不复论。今但就历代所以利高之一般原因与一般之结果讨论之。

(1) 不同时代相同利率之原因

历代贷利所以高之一般原因，不外为农人之急需。而历代农人所以皆有急需，其原因固甚多，如租赋之暴急，天灾之害农，金融机关之不备等等，此皆外在之原因，非贫农急需之根本原因。其根本原因，即生产技术之滞退。生产何以滞退？其终极原因，当溯及人口及自然环境之关系中。简单言之，人口少而良田多，则每人生产之所获，必可维持其家计而有余。以此剩余积储之，乃为资本，可以用为改进农业之资。反之，若人口过多，良田不足，于是甚至“边际以下之耕种”（Sub-marginal Cultivation），皆须努力，所谓“边际耕种”（Maginal Cultivation）之所获，不惟无余以积累资本，且并生产者家人生活消费而不足，于是乎农人困乏矣。若更进一步言之，农人不必至“边际以下之耕种”，始臻贫困，即有时恰在边际耕种，或近边际耕种之时，亦贫困也。何以故？盖农业异于其他产业，自有其技术上之特点，即如《管子·治国篇》所谓："凡农者月不足而岁有余者也。"以今文解释之，农业为长期之产业，自播种至收获，为期达数月之久，当其青黄不接之际，农家之能不恃借款以接济者，绝无仅有。因此种生产过程中必然的困乏，故不必至边际耕种，有时接近边际耕种之时，农人已必借贷以维持生活矣。而其所以易于接近边际之点者，亦不外因人口之过多，与良田之过少。（所谓多少，皆为相对之意。）因此二终极之原因而生产技术不进，不惟不进，有时更退，因以资本少而利息常高。所以生产技术之不进，实社会利息率长期高涨之根本原因也。若更加以前述之外在原因，则农人一时之资本需要益急，于是借贷利率益高矣。①

（2）不同时代相同利率之结果

据前所考，各时代高利之结果，固已甚多。如封建势力衰微，政治之龌龊，官僚富强，军事腐败，凡此种种，亦皆一时期或一朝代之特殊结果，不足以云为历代高利一般之结果。其一般之结果为何？简言之，乃有二事：第一，即贫农破产；第二，即农产集中。利贷之于农人，贫农为必借之人（所谓贫农，未必是小农，实即边际或近边际农人之意），而且农人愈贫，其需要愈急，其借贷之条件亦愈苛。故此高利贷借之结果，乃使贫农破产。于是出卖田地、农具、牲口，甚至妇女稚幼，于是农产乃有集中之现象。如利贷借自地主或富农之手，则乡间乃有土地集中之现象，有由小农至大农之趋势。如利贷自商人，则商人之资本，乃有集中趋势。同时，社会之奴婢阶级日见增多。凡此皆历代高利一般之结果。倘非有其他相反之原因存在，则此种结果之发展，乃为不可遏止必然之趋势。

---

① 关于中国农业生产之不进步，可参考方显廷：《中国经济之症结》，《大公报》1936年1月"经济周刊"。

(3) 同一时代不同利率之原因结果

在同一时间、同一区域,贷利有不同之情形,如下所述:

第一,乡村与城市之贷利不同。同一时代在城市之贷利,往往低于乡村,此在明以后尤为显然。何以二者利率不同,究其原因有三:(1) 因有城市为政府机关所在,政治力量可以较易支配民众之行为,故在城市借贷,其利率受法定利率之影响,较在乡村更为直接。(2) 城市交通方便,金融机关较为完备,故于资金之供给,较在乡村为易集中周转,以适应其需,故利率应低。(3) 城市之中,工商业资金之需要,不若乡间农业之经常的存在,且需要至急。资金一时之不急需要,不能致高利之存在。有此三因,所以乡村有较城市甚高之贷利。

第二,即官贷与私贷利率之不同。此种不同,在研究中国历代之借贷利息,亦当注意之现象。私贷高利,如上所述,乃自然的必然的经济现象。而官贷低利,则为人为的现象。官贷之发生,太半为矫私贷高利之枉,故必制为低利;即不然,亦以大量款项放之城市商人,其利率之较低于农村,宜也。

第三,有质代与无质贷利率之不同。据前研究,有质贷利必低于同时之无质贷利,此何以故?此可以西洋之经济学说解释之。盖一般社会所谓利息者,非谓纯利息(Net Interest),乃谓总利息(Gross Interest),所谓总利息者,不但包有使用资本之代价,并含有危险之保费在内。[①] 无质贷借,全凭私人信用,其可靠性不如质债,故必较质债多付一部分借款代价,以为贷款保险之费。在质债,则以抵押品为保证,资本消失之危险性小,故质债较非质债之贷利为小。

第四,谷贷利率与款贷利率不同。谷贷之利率,由前之研究,可见其常高于贷款利率。此其原因:一,因谷贷常发生于乡村,而贷款并发生于

---

① Marshall, *Principle of Economics*, p.548.

城乡；二，因贷谷多为消费目的，乃生活所必需，有时缺乏，虽贷利较高，亦不能不借。其需要之伸缩性小，故贷利高。反之，贷款之目的，每为生产，除付贷息而外，无利润可图，借贷即停止矣。此所以二者利率不同。

虽则城市利率低于乡村利率，城市低利，可以于工商业以长期之有利影响，然吾国以农立国，城市之人口甚少，城市之现象，未若乡村现象之可以代表中国全部社会情形。且城市利低于乡村，亦只近代之现象，非通中国历代史之事实也。至于官贷与私贷较，虽亦利低，但所低甚少，即或有时甚多，但贷本有限，在历史上之次数甚少，故于社会之影响甚少。至于质贷之利，虽亦较低，然究系清代以来之现象，清以前亦未见其太低也。总之，城市利率、官贷利率、质贷利率虽皆低于普通乡间私贷之利，倘非所低有限，不足注意，即为历史一时现象，非若私贷高利之值得致意研究也。因此，虽有此数种较低利率，吾人仍可谓中国历代利率之酷重也。

4. 历代关于利息之思想及法制

（1）反对高利

据前所论，已见中国历代利率之酷重，并其对于社会影响之惨。今请观历代思想家及政府何以应付高利之问题。按考西洋中世之利息思想，往往与伦理观念相连，故认取息为非正当（Unjust）而加以禁止或反对。[①] 据前所考，在中国古代之思想，自始即不与伦理观念相连，故无反对利息之思想。虽然，于高利则多反对之。其反对之理由，据史所言，亦颇简单，兹分列于下：

反对高利之理由
- 1. 对于官贷
  - a. 非驭官之体，兴化之道（隋）
  - b. 不足以抑兼并（利轻则可）（宋）
  - c. 农民不生产钱，且官吏不宜治钱（明）
- 2. 对于私贷
  - a. 伤农（汉）
  - b. 不劳之获（汉）

① Haney, *History of Economic Thought*, p. 94.

(2) 取缔改良高利之策

中国历代思想家关于改良高利或取缔高利,不外六法:第一,周季管子之策。以完备之金融机关,运转通货,使民间资金有余,则利率自减。第二,前汉晁错贵粟之议。粟贵则农人得利,农人富足,自不必更借贷于他,乡间之高利自息。第三,后汉桓谭之策。使商人互相讦告其各人贷本之多少,由政府没收之。贷本既绝,高利自灭。第四,元代耶律楚材、史天泽之意见。建议以法律限制利息之高,及禁止复利。第五,元代姚枢之奏议。欲以法令停止债负。第六,明之吕新吾认贷债利息有加税之必要,盖寓禁于征之意。

以上所言各种办法,除讦告与停止债负二者,乃系因噎废食之策,不足置评外,其余四法,尚可加以讨论。其金融机关之完备,固可以调节资金之供给,而于资本之绝对数量无关。其绝对数量不增,社会一般之利率难减也。其贵粟之策,固可使农人之购买力增加,但如农人生产力不加,人口过剩,则社会之资本积累不加多,利率亦难下降。至于课税贷利之策,如社会对于资本之需要不减,而资本数量不增,则课税于利息,有时反足以增加利息,换言之,即更加重借贷之担负,未必此税之由贷者支付也。至于法律限制之法,早已实现于历代,实难见其显效也。

(3) 关于利息之法

以下更就历代之法制观察之。中国古代关于借贷利息之法律,据前所考,发生甚早。其有明文之规定,当在周代。惟律文之全豹,能以保全至今者,则自唐律始。中国关于贷利之法律,其特征在无宗教之色彩。不惟无宗教之色彩,且就现存之各朝法律观之,并亦无阶级之区别。此实中国利息法律之不同于外国古法者,例如希伯来之摩莎法(Mosiac Law)、印度之婆罗门法(Brahmanic Law)是。兹将历代关于借贷利息之法律,归纳如下:

① 关于利息之规定

a. 法定利率　周代法定利率,为年利百分之十至二十。秦不详。汉代但知其必有法定利率,惟利率高低不可考。魏晋六朝亦不详。唐以下皆历历可考。唐代法定利率,据《新唐书》载,玄宗开元十六年令,私贷年利百分四十,官贷百分六十。《宋刑统》定高限不得超年利率百分七十二;其于质贷,则明定其不得过百分之五六十。元初太宗时法定高限为百分之一百,世祖十七年减至百分之三十六。明清律因元之旧,亦定年利率不得超百分三十六也。就此历代法定利率,制成曲线图如下:

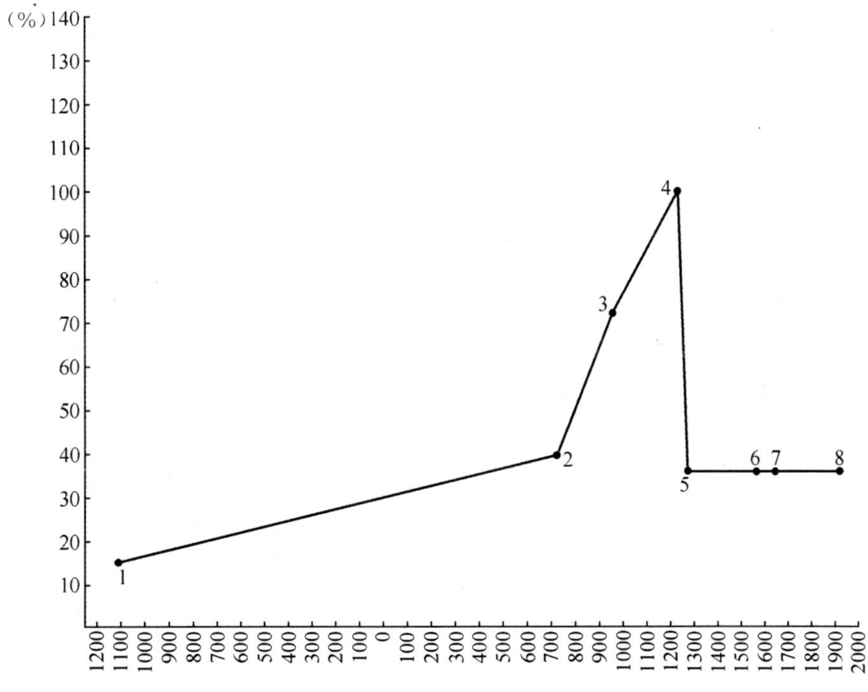

历代法定利率高低图

注:1. 周初(前1115,15%);2. 唐玄宗开元十六年(728,40%);3. 宋太祖时重定刑统(960,72%);4. 元太宗时(1229,100%);5. 元世祖至元十九年(1289,36%);6. 明隆庆律(1367,36%);7. 清顺治律(1644,36%);8. 清宣统律(1909,36%)。

b. 禁用复利　唐代武后之时，始令禁复利。文宗开成二年，亦敕禁复利。梁末帝龙德元年，修正前法，谓在倍以上不得复用复利。《宋刑统》参取上之二法，规定贷款，不得回利作本，贷谷不得回利作本过一倍。元法竟禁复利。明清律限年月虽多，利止一倍。

c. 利止一倍　唐文宗开成二年，始诏利止一倍。梁末帝贞明六年，诏倍利上官不与征理。唐明宗长兴元年，曾诏免倍利以上之债利。宋、元、明、清法律皆明定利止一倍。

d. 分定官私贷利　自唐玄宗开元十六年，法律始明定官贷利率五分，私贷利率四分，亦见当时官贷之盛。

② 关于贷本之规定

a. 禁短票折扣　清律始禁短票折扣，一切变象之高利贷。对于高利限制，已臻详尽。

b. 贷本课税　汉文帝以前，已有贷本占租之法，惟不甚详。武帝元狩四年，又下诏算缗，使贷者自占，按贷本出税百分之一，嗣后罢之。

③ 关于放贷者之规定

a. 禁官吏贷　汉代始有禁官吏放贷之法。隋文亦有诏禁诸司放利贷。唐玄宗天宝时，有令禁官放债。《宋刑统》明文禁断官吏在本部放债，是法文之有效范围已较前缩小，或因前此法禁之无效欤？元、明法禁监临官于所部放债取利，明律更禁典当。至明宪宗成化六年，复放大范围，禁一切官债。清律仍同前明律文。

b. 禁客民贷　清乾隆有令禁客民放债。

c. 禁官司代征势豪之债　清顺治以其害农，曾诏禁之。

d. 禁辱打军官并扣军粮　明清律皆有此种规定限制贷者。

④ 关于被贷者之规定

a. 禁卑幼借债　唐宪宗元和五年，始禁卑幼不告家长举债。宋真宗大中祥符二年，诏禁诱人子弟潜举债。

b. 禁止军士放债　宋高宗绍兴二十九年诏禁军中放债，元法禁军官放债军中,清律规定极严,军官犯者,长官连坐。

⑤ 关于质债之规定

a. 质债利率　最早质债利率之见诸法律者,据史考之,当属唐文宗开成二年之敕,始明定质债与非质债之对立,足见质当在唐代已流行。当时定质债与非质债同为五分(年利)利率,嗣后立法,皆笼统言之,不复明定,盖质债之风俗既成,不必明定,已含括于私贷之中矣。

b. 抵押品之处理　此种规定,首于《宋刑统》中见之。其言质者,计利过本不赎,听告市司对卖。后代法律,反无此规定。

⑥ 关于索债之规定

a. 没财产及人口之禁　《宋刑统》始定贷人不得强索人之财产过本契。元律竟禁没人财产及人口抵债,不问其过本否也,勒索亦在禁例。明清律同元之规定,惟清律明定夺财过本者以赃论。

⑦ 关于免债之规定　历代关于利贷之法律,除上述各种外,尚有免债之令。据史所见,始自北魏庄帝武泰二年。后唐庄宗同光元年,晋高祖天福五年,以至元代各朝,皆尝有免公私债负之诏令。

历代关于借贷利息之法律,其各种规定已罗列如前。其所以有如此繁细之律令者,十之八九皆为应付私贷高利之害民而设。除此以外,历代政府尚有欲平私贷高利所设之制度,即为官贷轻利之制。凡此轻利之制,与夫限利之法,究与私贷高利有何关系,可仍以曲线图比较视之(见下页图。):

由此比较之结果,已可得结论三:(1) 私贷利率,其变动每自为主动,不易受其他二者之影响。(2) 官贷利率以私贷利率为最高限度,不能复高,其低限则由政府酌定之。(3) 法定利率,对私贷利率之规定等于具文,无甚影响。

(3) 利息总量历史之研究与利息问题之现在

如前所言,历代法律与政制之努力,对于社会高利,皆不能与以平抑,然则利率之高,终无法以平之乎? 非也! 即以清代之利率论之,已较以前历代之利率渐趋下降矣。此种情形，虽多出现于城市，与乡间之影响稍微，要之，随交通之便利，金融机关之发达，其影响日大，乡间之利率，亦当日减。其所以利低之原因，固非一端（已见前清代之章三节），而其根本原因，仍不外社会资本之忽增。盖如前所论，数千年借贷利率所以高之原因，最根本者，仍系于社会资本之不足，而资本所以不足者，乃生产不进之

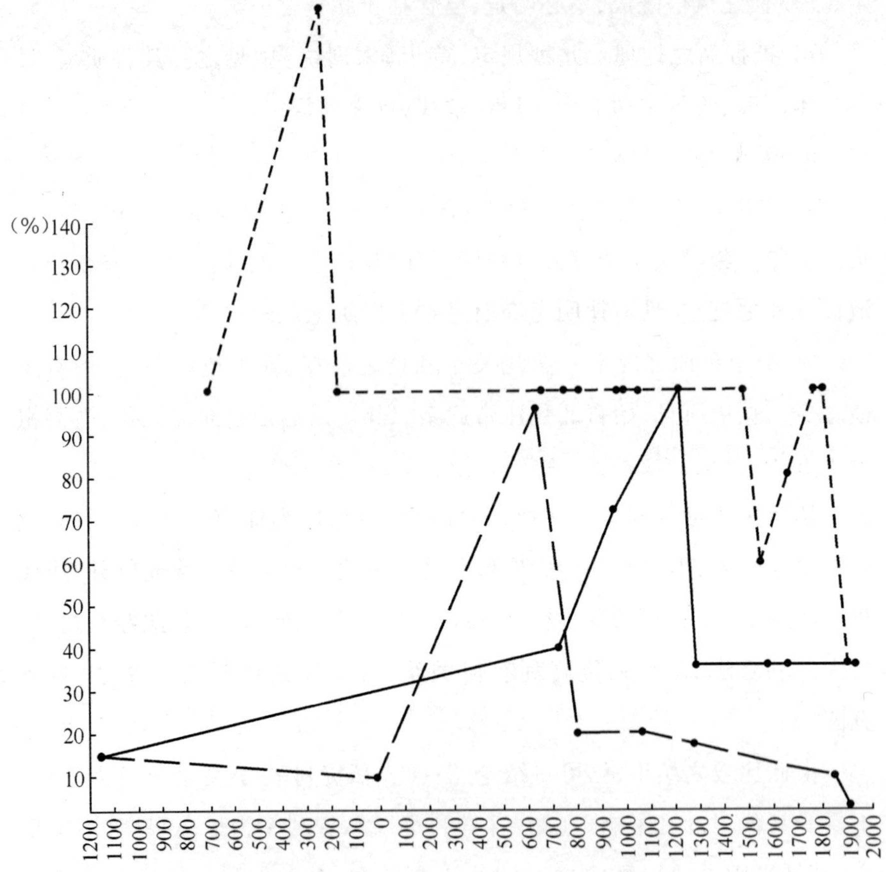

历代官私贷利率及法定利率高低比较图

注：长虚线代表官贷利率，短虚线代表私贷利率，实线代表法定利率。①

① 家红按：原文用蓝色和红色区别，今改用虚实线。

结果也。因资本之不足，生产益不易求进步，二者相互影响，遂造成借贷利率常高之现象。今既知其如是，则为求社会利率之平，殆增加资本一途而外，无他道矣。此真研究历代利息问题所当致意者。

今请离开本文研究之范围，略观利息问题之现在。其私贷利息究竟高否？据时人研究，现在中国都市之利率，以民国二十三年上海与济南各行庄之放款利率言之，则上海为月息一分五，济南一分五七，约合年利一分二六及一分八八。由此可见上海利率虽稍低，而他处则仍高。即以上海之低利论之，已即较高于英美之利率矣。况全国各埠，尤将高于上海乎！至于乡村农民之借款，其息率则更高，全国平均各种不同利率贷款，占总贷款额之百分比，年息一分至二分者占百分之九点四，二分至三分者占百分之三六点二，三分至四分者占百分之三〇点三，四分至五分者百分之一一点二，五分以上者占百分一二点九。[①] 足见农村借贷之利率，普通仍在二分至四分之间，而最高者，犹达五分以上。故即以今日之情形论之，高利之问题，虽较愈于古代，然其促进于农村之破产，甚或碍于产业之进步，其问题仍严重。负责发展国民经济之当局者，对此问题，当切实致意，缜密筹思，规画平抑利率之根本方案；不宜更步昔人之后尘，或操切以从事，或治标不治本[②]。其最后之失效，前后当出一辙也。经济之症结，必须自经济方面解决之，政治之方策，断不能左右经济之动向。覆车不远，前鉴可寻，以昔视今，庶几乎可以醒悟矣！

① 见1936年4月1日《大公报》“华北经济特刊”《华北之金融》。

② 例如北平、天津之政府令使典当减息，上海使行庄减贷款息，各埠政府主持之轻利小本借贷事务等。

参考书目

《礼记》,中华书局四部备要版。

《周礼注疏》,中华书局四部备要版。

《春秋左传》,中华书局四部备要版。

《史记》,司马迁,五局合刻“二十四史”本。

《汉书》,班固,同前。

《后汉书》,范晔,同前。

《三国志》,陈寿,同前。

《晋书》,房玄龄,同前。

《宋书》,沈约,同前。

《南齐书》,萧子显,同前。

《梁书》,姚思廉,同前。

《陈书》,姚思廉,同前。

《魏书》,魏收,同前。

《北齐书》,李百药,同前。

《周书》,令狐德棻,同前。

《隋书》,魏徵等,同前。

《南史》,李延寿,同前。

《北史》,李延寿,同前。

《旧唐书》,刘昫,同前。

《新唐书》,欧阳修,同前。

《旧五代史》,薛居正,同前。

《新五代史》,欧阳修,同前。
《宋史》,托克托,同前。
《辽史》,脱脱,同前。
《金史》,托克托,同前。
《元史》,宋濂,同前。
《明史》,张廷玉,同前。
《清史稿》,柯劭忞、赵尔巽等,1927 年,清史馆铅印本。
《资治通鉴》,司马光,1929 年,商务印书馆。
《国策》,中华书局四部备要版。
《东观汉记》,汉明帝修,同前。
《华阳国志》,常璩,同前。
《大金国志》,宇文懋昭,扫叶山房刻本。
《全辽志》,华恭等,旧钞嘉靖四十五年本。
《明史·食货志稿存》,王原深,见《学庵类稿》原刻本。
《逸周书》,中华四库部备要版。
《路史前后纪》,罗泌,同前。
《越绝书》,袁康,同前。
《吴越春秋》,赵晔,同前。
《十国摭言》,王完保,同前。
《大宋宣和遗事》,李纲,同前。
《建炎以来朝野杂记》,李心传,同前。
《通志》,郑樵,清乾隆十二年武英殿版。
《通典》,杜佑,同前。
《文献通考》,马端临,同前。
《续通志》,清乾隆敕纂,光绪十二年浙江书局版。
《续通典》,清乾隆敕纂,同前。
《续文献通考》,清乾隆敕纂,同前。

《清通志》,嵇璜等纂,仿聚珍本。

《清通典》,嵇璜等纂,同前。

《清朝文献通考》,嵇璜等纂,同前。

《续文献通考补》,朱奇龄,清钞本。

《西汉会要》,徐天麟,武英殿聚珍原本。

《东汉会要》,徐天麟,光绪甲辰江苏书局版。

《唐六典》,李林甫等,嘉靖二十年浙江按察司重刻本。

《贞观政要》,吴兢,中华四部备要版。

《唐会要》,王溥,光绪甲辰江苏书局版。

《宋会要》,徐松辑,原钞本(不全)。

《五代会要》,王溥等,光绪二十六年江苏书局版。

《明会要》,龙文彬,光绪十三年永怀堂版。

《大明会典》,徐溥纂,万历刊版。

《大清会典》,乾隆敕纂,乾隆二十三年版。

《玉海》,王应麟,嘉庆江宁张守愚刻本。

《太平御览》,李昉等编,日本安政乙卯江都喜多邨氏学训堂聚珍版。

《八编经世类纂》,陈天锡,明天启六年刊本。

《皇朝掌故汇编》,张寿镛,光绪二十八年清求实书社版。

《清稗类钞》,徐珂,1917 年,商务印书馆。

《渊鉴类函》,张英等纂,1926 年,同文书局影印。

《古今图书集成》,蒋廷锡等,光绪十年上海图书集成铅版印书局本。

《皇朝经世文编》,贺长龄,光绪十五年上海广百宋斋版。

《汉律辑证》(见桐华阁丛书),杜贵墀,光绪二十五年湖南沅水校堂版。

《汉律考》,程树德,1919 年,北京精刻本。

《唐律疏议》(见岱南阁丛书),长孙无忌,嘉庆丁卯版。

《重详定刑统》,窦仪等,明钞本。

《大元圣政国朝典章纲目》,光绪戊申修订法律馆重校本。
《大明律例》,明隆庆本,北平图书馆明刻本。
《大明律例》(嘉靖二十年十二月编),北平图书馆藏清刻本。
《大清律集解附例》,顺治本,顺治三年五月精钞本。
《大清律集解附例》,雍正三年武英殿版。
《大清律例》,乾隆五年武英殿版。
《律例便览》,蔡逢年(按咸丰律编),同治庚午江苏局版。
《大清律例增修汇纂大成》,光绪二十九年石印。
《大清现行刑律》,宣统二年仿聚珍本印。
《大清新法令》,1911 年,商务印书馆。
《九朝律考》,程树德,1927 年,商务印书馆。
《管子》,扫叶山房百子全书版。
《墨子》,墨翟,同前。
《荀子》,荀况,同前。
《韩非子》,韩非,同前。
《淮南子》,刘安,同前。
《盐铁论》,桓宽,同前。
《傅子》,傅玄,同前。
《论衡》,王充,同前。
《风俗通义》,应劭,同前。
《金楼子》,梁孝元帝,同前。
《潜夫论》,王符,同前。
《古今伪书考》,姚际恒,1933 年,景山书社。
《救荒补遗》,董熠、张光大、朱熊等,同治八年崇文书局版。
《实政录》,吕新吾,同治七年崇文书局版。
《日知录》,顾炎武,同治十年崇文书局版。
《吾学录》,吴荣光,中华书局四部备要版。

《学治臆说》(续说并)，汪辉祖，同治七年崇文书局版。

《庸吏庸言》，刘衡，同治七年崇文书局版。

《佐治药言》，汪辉祖，同治七年崇文书局版。

《荒政辑要》，汪志伊，嘉庆十一年湖北书局版。

《筹济编》，杨景仁辑，光绪九年武昌书局版。

《牧令书辑要》，徐栋编、丁日昌续，同治八年崇文书局版。

《从政、训俗遗规》，陈弘谋，清汇文堂刻本。

《文史通义》，章学诚，道光十二年刊本。

《饮冰室文集》，梁启超，1916 年，中华书局。

《中国历史研究法》，梁启超，1925 年，商务印书馆。

《中国历史研究法》补编，梁启超，1934 年，商务印书馆。

《中华二千年史》，邓之诚，1934 年，商务印书馆。

《清代通史》，萧一山，1931 年，商务印书馆。

《西汉经济史》，陶希圣，1931 年，商务印书馆。

《宋元经济史》，王志瑞，1934 年，商务印书馆。

《先秦经济思想史》，甘乃光，1926 年，商务印书馆。

《晚周诸子经济思想史》，熊梦，1930 年，商务印书馆。

《中国货币史》，戴铭礼，1934 年，商务印书馆。

《中国商业史》，郑行巽，1932 年，世界书局。

《中国金融与汇兑》，曲殿元，1930 年，大东书局。

《利息问题》，吴应图，1926 年，中华书局。

《唐庆增演讲集》，唐庆增，1933 年，世界书局。

《第一回中国年鉴》，1924 年，商务印书馆。

《中国经济全书》，日本东亚同文会编，叶开琼译，宣统二年，〔日本〕经济学会。

《蒲寿庚考》，日本桑原隲藏著，陈玉菁译，1929 年，中华书局。

《元代蒙汉色目待遇考》，日本箭内亘著，陈捷等译，1934 年，商务印书馆。

《支那货币史钱庄考》，日本广畑茂著，昭和八年(1933)，东京建设社。

《中国古代社会》，俄人柯金著，岑纪译，1933年，黎明书局。

《中国社会发展史》，俄人沙发诺夫著，李俚人等译，1932年，新生命书局。

《中国农村经济研究》，俄人马扎亚尔著，陈代青等译，1930年，神州国光社。

Village Life in China, Arthur Smith, 13th Ed, Fleming H. Revell Co. N. Y..

The Principles of Economics, Alfred Marshall, 8th Ed, Macmillan Co. London.

History of Economic Thought, L. Haney, 1928, N. Y..

The Distribution of Wealth, T. N. Carver, 1918, Macmillan Co, N. Y..

附文

纸在宋代的特殊用途

一、两点声明

在没有开始写这篇短文之前,先要有声明两点:

第一,作者不是专门研究纸的问题的人。譬如纸的制造、纸的品质、纸的价值、纸的保存等,关于纸的问题很多,尽有不少人,专门在研究这些问题,也有些成绩存在着。作者所欲研究的,不是关于纸的一般问题,乃限于纸的用途的问题,尤其在宋代的特殊用途。因为从商品的用途,也可以推断它的品质和生产状况。

第二,材料限于宋代文集。本文所根据的材料,都限于宋代的诸文集,尤其是比较著名的。因为作者正在宋代文集中,搜求一般经济史料,随手碰到一些关于纸的材料,现在就根据这些材料,写成此文。

二、宋纸的普通用途

纸在宋代,当然也有同别时代相同的用处;例如作书、作画、印刷书籍、裱糊房窗等等,这也可以说是它的普通用途,不在本文研究范围以内。本文所考究的,是在这普通用途以外,与以前各时代不同的用途;甚至与后来各时代也不同的用途。这些用途,都是什么?

三、特殊用途

1. 纸冠　王禹偁《道服》诗云:“楮冠布褐皂纱巾。”(《四部丛刊》版

《小畜集》八卷,二十二叶)足见当时道士有著楮冠的。所谓楮冠的意思,想当为纸冠;因纸多以楮皮做成,所以习惯都称纸为楮。更观陆游诗《行年》云:“楮弁新裁就,翛然学道装。”自注谓:“新作两楮冠。”(《四部备要》版《剑南集》三十七卷,二叶)由“裁就”二字研究,更可断定楮冠、楮弁,都是纸帽子。同时,可见当时道士多带纸冠,所以说到道装道服,便有楮冠。用纸做帽子,是纸在宋代的特殊用途之一。

2. 纸帐　读王禹偁《夜长》诗云:“风摇纸帐灯花碎。”(《小畜集》十卷,十二叶)洪适《宴坐庵》诗云:“一点斜光明纸帐。”(《四部丛刊》版《盘洲集》二卷,四叶)陆游《霜夜》诗云:“土床纸帐卧幽寂。”(《剑南集》七十三卷,十一叶)刘克庄《和方孚若瀑十种梅五首》其三云:“雪屋恋香开纸帐。”(《四部丛刊》版《后村集》五卷,一叶)可见纸在宋代不但可以为冠,而且可以为帐。

同时,还可以作下列之二假定:(1) 看洪适的诗题为《宴坐庵》,也许僧道用纸帐;(2) 陆游诗题为《霜夜》,也许纸帐可以御寒。更读释德洪诗,《用高僧》诗云:“沙泉带草堂,纸帐卷空床。”《作八首》云:“松榻独安枕簟,纸帏长隔尘埃。”(《四部丛刊》版《石门文字禅》十四卷,十三叶)晁补之《和如庵》诗云:“蒲团纸帐只依僧。”(《四部丛刊》版《鸡肋集》十卷,四叶)洪适作《叔父常平墓志铭》云:“公字少栖心禅宗,……称一了居士。板舆养缺,即坦坦无宦游意。庵居穷山,蒲茵楮帐而已。”(《盘洲集》七十五卷,五叶)《丁未春日》(浪淘沙)词云:“纸帐素屏遮,全似僧家。”(《后村集》一九一卷,长短句,六叶)则“纸帐为僧家所常用”之假定,可以证实。更观魏了翁《十月夜闻风声》诗云:“雪尽冰澌涕亦晴,布衾纸帐复求成。”(《四部丛刊》版《鹤山集》十卷,八叶)刘克庄《纪梦》诗云:“纸帐铁檠风雪夜。”(《后村集》七卷,四叶)则“纸帐是可以御寒的”假定,也可以证实无疑。

另外,更进一步玩味“土床纸帐卧幽寂”,“纸帐卷空床”及“庵居穷山,蒲茵楮帐而已”数句,又可见纸帐在当时不是富贵人家的东西,反之,乃是贫穷人或出家人所用的。用纸作帐子,是纸在宋代特殊用途之二。

3. 纸被　宋人不但用纸做帐子,还用它做被子。何以知之?刘克庄《梅》诗云:"鄙事观人智浅深,漆堪用器褚(疑为楮之误)堪衾。"(《后村集》九卷,三叶)所谓楮为衾,还不是用纸做的被子吗?

纸被究竟适用不适用?是否系做着玩的?观陆游《岁暮》诗云:"纸被蒙头方睡稳。"(《剑南集》七十四卷,八叶)又《剑南集》云:"村居日饮酒,对梅花醉,则拥纸衾熟睡,甚自适也。"(二十一卷,十四叶)可见御用纸被是很舒适的。何以舒适?观陆游《谢朱元晦寄纸被》诗云:"纸被围身度雪大,白于狐腋软于棉。"(《剑南集》三十六卷,八叶)又《夜雨》云:"纸帐白于毡,纸被软于棉。"(《剑南集》七十四卷,八叶)刘克庄《一念》诗云:"小窗稍觉春宵冷,自设篝炉置褚(疑为楮之误)衾。"(《后村集》九卷五叶)由此数条,可见纸被有几种好处,第一很软,第二很暖,所以用纸被是很舒适的。

纸被究系谁常用呢?释德洪诗《玉池禅师以纸衾见遗作此谢之》云:"便觉室庐增道气,不受风雨搅闲眠。就床堆叠明如雪,引手摸苏软似棉。拥被并炉和梦暖,全胜白氎紫茸毡。"(《石门文字禅》十三卷,十三叶)所谓"增道气",似乎是僧人常用它。更读张孝祥《送纸衾韩中父诗三首》既云:"乞与纸衾棉样暖",又云:"雪中纸衾有奇趣,暖香夜作椒兰熏。毗邪丈室本无病,天女为散花纷纭。"益见纸被是僧所常用的。但是,德洪是北宋人,而张孝祥也是南宋初的人,在当时或系如此。至于南宋的中末,便不尽然;有时读书人或贫寒人也常用纸被。所以由前边引的《剑南集》,可见陆游、朱熹、刘克庄,这些南宋的大儒和僧人,也都用纸被了。这样看来,也许起始僧人用他,慢慢别人效仿起来。

不惟如是,而且宋代纸被是穷人所常用,富贵人家不常见的。读真德秀《送曹晋伯令尹之官》诗云:"须江壮哉县,谁遣莽成墟。""此邑吾邻境,尝闻叹恨深。有田尽增税,无楮可为衾。"(《四部丛刊》版《西山集》一卷,二十七叶)可见纸衾在当时是最平民化的东西,并楮衾都没有了,正见其贫苦已极。所以刘克庄诗话云:“潘阆《客舍》诗,‘土床安枕稳,纸被转身鸣’,定非‘慷慨枕玉凉,绣被春寒衣’所能道也。”(《后村集》一七四卷,二叶)

最后,我们再证以真西山的《纸衾铭》,更可见纸衾的好处,而且是贫民的御用物。铭云:“……朔风怒号,大雪如席。昼且难胜,况于永夕。岂无纤纩,衣以厚缯。拥之高眠,可当严凝。井地不行,民俗多窭。终岁之廑,弗给布絮。一衾万钱,得之曷繇?不有此君,冻者成丘。我尝评君,盖具四德:盎兮春温,皜兮雪白,廉于自粥,乐于燠贫,谁其似之,君子之仁。我身穷时,惟子与处。岂如弁髦,而忍弃汝。”(《西山集》三十三卷,二十八叶)何以贫民常用纸被,根本的原因,也就是买来便宜。用纸做被子,是纸在宋代特殊用途之三。

4. 纸衣　观南宋陆氏《剑南集·雨寒戏作》诗云:“幸有藜烹粥,何惭纸为襦。”(四十八卷,四叶)襦即短衣,可见宋代有用纸做的衣服。而且玩味这两句的涵意,仿佛当时纸衣多为穷人所著。纸衣是不是开始于南宋?是否单是穷人穿它?是不是舒适?皆须考究。观苏易简《文房四谱》,已载有纸衣。苏是太宗时进士,可见纸衣在宋初已竟被人使用,或许在宋以前已竟发生。

究竟谁常穿纸衣?《文房四谱》谓:“山居者常以纸为衣,盖遵释氏云:‘不衣蚕口衣’也。”(《辞源》续集“纸衣”条)可见在宋初山居之人常衣纸,而山民衣纸的风气,又自僧人传来,或许纸衣的最初服著者,就是僧人。可惜于此没有找到佐证。到后来,或在某个特殊地域,因为便宜及简单,穷人们都衣纸了。所以王禹偁作《建溪处士赠大理评事柳府君墓碣铭》云:“么……既冠,属王审知据福建,以公补沙县丞。时审知残民自奉,人多衣纸。”(《小畜集》三十卷,十叶)魏了翁作《朝奉大夫府卿四川总领财赋累赠通奉大夫李公(繁)墓志铭》云:“公在绵,会岁祲,……听民以茅秸易米,备粥溢楮衣,亲衣食之,所活十万人。”(《鹤山集》七十八卷,八叶)王禹偁北宋人,所言福建事,而魏了翁南宋人,所记四川事,福建、四川皆系产纸地方，可见无拘南北宋，凡在产纸地方，贫民衣纸，是经常的，不是偶然的现象。因为时代越后，造纸越发达，交通也越发达，别处非产纸的地方的贫民，也常衣纸，想来也是可能的事。所以刘氏《后村诗话》云："徐思远（不详此人，或系徐文卿，盖文卿字思远）绝句云：'纸衣竹几一蒲团，闭户燃萁自屈盘。诵彻离骚二十五，不知月落夜深寒。'水心称思远有冻饿自守之乐，非过也。"（《后村集》一七七卷，诗话续集，十六叶）更可见衣纸是贫寒人的现象无疑。

穿纸衣究竟舒适与否，由"不知月落夜深寒"玩味，好像也可以御寒。但叶水心称其"有冻饿自守之乐"，可见纸衣不是真暖。所以魏了翁《挽程隐君》诗乃云："岁凶瓶粟罄，屋破褚（疑应为楮）衣单。"（《鹤山集》九十二卷，十四叶）至于《文房四谱》谓："山居者常以纸为衣……然服甚暖，衣者不出十年，面黄而气促。绝嗜欲之虑，且不宜浴，盖外气不内入而内气不出也。亦尝闻造纸衣法，每一百幅，用胡桃、乳香各一两煮，不尔蒸之，亦妙。阴干，用箭就横卷而顺蹙。然患其补缀繁碎。"（《辞源》续集"纸衣"条）此所谓甚暖，与前之考究稍异，或因此之制法特精，亦未可知。想一般贫民或凶年所制，决不能有如此之精。制之不精，或即单寒。且即令精制，亦不宜久衣，"不宜浴"，且患"补缀繁碎"，亦即不算舒适。

所以，我们根据上之考究，可以断定纸衣买来便宜，能够御寒，但是不甚舒服，且容易破烂（皆比较布帛而言）。用纸做衣服，是纸在宋代特殊用途之四。

5. 纸甲　读洪适《盘洲集》，内载《松安海贼札子》云："今月二十九日酉时本所差去使臣承节郎任庆取押到招安人往王先海船二只到岸，……首领以下一百四十七人，……其船内有纸甲一百一十副，枪、刀、弩、旗、鼓军器共一千五百六十八件。"（四十二卷，一叶）此所谓纸甲，无疑是用纸做成的甲，用以战争的。用纸做甲，凭我们设想：为是在船上取其轻快便于作战吗？可是为金属甲不易得，以纸仿造，用以欺骗敌人呢？这两种可能都合理的存在。

现在,更进一步找佐证。看真德秀在他知泉州之时,有《申枢密院措置沿海事宜状》,略谓:"所有本寨(言永宁寨)军器却稍足备;但水军所需者纸甲,今本寨乃有铁甲百副,今当存留其半,而以五十副,就本军(言泉州左翼水军)换易纸甲。"(《西山集》八卷,十二叶)由此一节,可以断定纸甲并不是欺人用的,乃是为轻便而实用的,尤其是为当时水军所专用的利器。纸甲是不是就发生于宋代? 无从查考。纸的甲,是纸在宋代特殊用途之五。

6. 纸瓦　观洪氏《盘洲集·十一月十二日枕上晓作》诗云:"竹响风成阵,窗明雪已花。柴扉吟冻犬,纸瓦啄饥雅。"(四卷,六叶)又《病中绝句八首》云:"一夜雨声鸣纸瓦,听成飞雪打船窗。"(四卷,六叶)又《睡觉》诗云:"寻思断梦半瞢腾,渐见天窗纸瓦明。"(二十九卷,八叶)此所谓纸的瓦,是否就是盖在房上的瓦,不得而知;但是看来却像是。更从"听成飞雪打船窗"玩味,也许是船篷上纸瓦;大概与纸甲是一样意思,取其行船轻快。可是,再从"柴扉吟冻犬,纸瓦啄饥雅"看,好像此处纸瓦,又不是船上的,乃是屋上的纸瓦。总之,不管是在船篷上的,或在屋顶上的,用纸瓦以蔽风雨,是无疑的事实。这是纸在宋代特殊用途之六。

此外,纸阁、纸屏等等,在宋代诗词中,亦偶然见之,但不数见;且又不见于记事文中,不敢据以断定其为宋代必有的事情,或常有的现象。兹略而不言。

四、两个推断

由以上所考,可见纸在宋代有不少的特殊用途,尤其是纸衣、纸被、纸帐等,在宋代诗文集中更常见。纸在宋代有这些特殊用途,既为无疑;那么,就可以由此而有下之可能推断:第一、宋代造纸技术进步。何以故呢? 因纸既能做上之衣料、被料及帐料,必极坚厚耐用,此实可以表示当时造纸技术的进步。第二、一般贫民常用纸衣、纸被、纸帐等,可见当时纸的价格并不甚高。商品价格的便宜,当系当时造纸生产发达之所致。尤其是出纸的福建、四川等等地方。关于这两个推断,究竟确当与否,还待更进一步的深刻研究,才能证明。

(原载《食货半月刊》五卷十二期,1937 年 6 月)